EDITH BRUCK

CONTRECHAMP

roman

TRADUIT DE L'ITALIEN
PAR RENÉ DE CECCATTY

ÉDITIONS DU SEUIL
57, rue Gaston-Tessier, Paris XIXᵉ

Ce roman se réfère au tournage, en Yougoslavie, de *Kapò* (1960), film italien de Gillo Pontecorvo (1919-2006) avec Susan Strasberg (1938-1999) et Emmanuelle Riva (1927-2017). Edith Bruck, d'origine hongroise, avait alors vingt-neuf ans et venait de publier son premier récit sur sa déportation à l'âge de treize ans, *Qui t'aime ainsi*. Elle avait été engagée par la production comme consultante historique.

Titre original : *Transit*
Éditeur original, 1re publication : Bompiani, 1978
2e publication : Marsilio, 1995
ISBN original (2e publication) : 978-88-31-76270-0

Cet ouvrage a été publié avec l'aimable collaboration de The Italian Literary Agency, Milan, et La Nouvelle Agence, Paris.

ISBN 978-2-02-159139-2

www.seuil.com

Je suis entrée dans le magasin vers six heures du soir. J'étais pressée d'échanger le pantalon et de me précipiter ensuite, avant la fermeture, dans une pâtisserie où j'avais vu en passant des gâteaux d'apparence familière.

– Bonsoir, ai-je lancé au petit jeune qui était derrière le comptoir à ma droite.

Je l'ai regardé et je lui ai souri avec tendresse, parce qu'il m'avait l'air, depuis la veille où j'étais venue acheter le pantalon, de ressembler, avec ses oreilles en chou-fleur et ses cheveux en brosse, à mon frère mort. Je lui ai souri avec insistance, mais j'ai eu l'impression qu'il ne répondait ni à mon salut ni à mes regards ni à mes sourires, et il avait, au contraire, baissé la tête et s'était mis à regarder fixement devant lui. Je l'ai de nouveau salué et je lui ai demandé automatiquement comment il allait. Il est resté de marbre et muet. Un peu désorientée, je me suis avancée vers le comptoir central, près duquel, dans le coin, le patron de la boutique était assis sur un tabouret, à demi caché par une caisse sombre et monumentale.

– Bonsoir, ai-je répété, en me rapprochant de lui.

Penchant imperceptiblement sa grosse tête aux cheveux frisés, il a émis un son entre ses dents cariées et il s'est davantage dissimulé.

– Je reviens pour le pantalon, ai-je expliqué sur un ton un peu guilleret, mais hésitant.

Je me suis hâtée d'ajouter que celui-ci était bien coupé, mais légèrement trop grand, surtout à la ceinture, que j'avais assez fine, et que j'aurais voulu la taille en dessous, un 40 plutôt qu'un 42. Tandis que je parlais, mes yeux passaient du jeune garçon au directeur et inversement, mais aucun des deux ne semblait me prêter la moindre attention.

– J'ai couru ! ai-je avoué, en m'adressant au gamin qui comprenait assez bien ma langue maternelle. Je craignais de ne pas arriver à temps, il est presque six heures… à quelques minutes près. Vous voulez bien me l'échanger ?

Le patron a relevé un court instant son petit visage branlant, rouge et rond. Je réussis à capter son regard clair et comme voilé d'une inexplicable peur, il semblait presque sur le point d'éclater en sanglots et de confesser une mauvaise action.

– Mais qu'avez-vous ? ai-je laissé échapper. Je suis là à temps, non ? Vous m'avez dit de revenir aujourd'hui, avant six heures, si par hasard le pantalon ne m'allait pas ? Qu'est-ce qu'il y a ?

J'avais haussé le ton en m'adressant au jeune.

– Je ne comprends pas, a-t-il répondu enfin, mais dans sa langue slave, pas dans la mienne.

– Tu ne me comprends pas ? Hier tu me comprenais pourtant !

Mon reproche me faisait crier désormais. Je me suis alors dit que je m'étais peut-être trompée de magasin, et j'ai jeté un coup d'œil au décor. C'étaient bien les mêmes étagères en bois sombre, le même comptoir à droite et l'autre, plus long, au centre, la caisse en tôle noirâtre avec des décorations fleuries écaillées était identique, et les mêmes deux rangées de pantalons accrochées à deux portants, de part et d'autre.

Le patron était vêtu de la même veste en grosse laine, le jeune employé flottait dans son chandail jaune rendu informe par des lavages trop fréquents. Ce n'est qu'en dernier lieu que je me suis aperçue de la présence de papiers d'emballage blancs, dépliés, avec, dessus, le nom du magasin imprimé en rouge, comme le drapeau national : c'était bien le même papier qui enveloppait le pantalon que je rapportais.

– S'il vous plaît, ai-je demandé doucement, bientôt tous les magasins vont fermer. Pourquoi ne me parlez-vous pas ?

– Nous aussi, on va fermer, a rapidement articulé le gamin, dans ma langue, comme si les mots qu'il prononçait lui avaient brûlé les lèvres.

– Eh bien, avant cela, changez-le-moi ! ai-je répliqué, piquée au vif, en posant le paquet sur le comptoir.

– Je ne te comprends pas.

Il avait recommencé à me parler dans sa langue, en haussant les épaules. Je devinais ce qu'il disait plus que je ne le comprenais.

– Qu'as-tu ? Pourquoi ne me parles-tu pas dans ma langue ? Tu ne l'as quand même pas oubliée du jour au lendemain !

Du regard, il m'a fait signe de m'adresser au patron.

– Explique-le-lui, toi ! Dis-lui que vous m'avez promis hier que vous m'échangeriez le pantalon. Ce n'est pas une question de prix, tu as compris ? Dis-le-lui, toi, à ton patron, que votre comportement est injuste et absurde !

Le vieux, entre-temps, s'était rapproché, par derrière moi. Je l'ai vu sourire, alors je lui ai souri à mon tour, convaincue qu'il n'y avait eu entre nous qu'un simple malentendu. Je n'étais même plus gênée par cette odeur de naphtaline humide qui émanait de sa veste ni par les relents d'ail de son haleine. Il me fixait de ses yeux noirs et enflammés en avançant davantage, au point de me frôler de son corps robuste. Instinctivement, j'ai reculé parce qu'il s'était mis à me tousser dessus en postillonnant ses glaires dont j'apercevais des traces aux commissures de ses lèvres violacées et pincées.

– Assez, on ferme, compris ? m'a-t-il asséné, avec une espèce de rictus autoritaire.

Mes genoux se sont mis à flageoler. Mon cœur s'emballait et je sentais le sang me monter à la tête. J'ai fait un pas en arrière, vers le comptoir où se tenait le commis et je me suis entendue bredouiller des protestations et des arguments :

– Vous m'aviez promis d'échanger mon pantalon... Je l'ai acheté ici... Vous me l'avez promis... Oui ou non ?

Le patron a imité mes jérémiades, dans une sorte de comptine plaintive. Puis, levant son gros index jauni par la nicotine, il m'a indiqué la porte.

– Je ne sortirai pas d'ici, a répliqué ma voix avec une obstination enfantine.

– Dégage ! Fous le camp ! Du balai !

Il me poussait avec violence dehors.

– Ne me touchez pas ! ai-je hurlé horrifiée. Ne mettez pas vos mains sur moi ! Je ne sortirai pas d'ici.

– Tu vas voir si tu ne sors pas ! a-t-il ricané, en m'imitant de nouveau, et en laissant apparaître ses dents gâtées et pointues qui se confondaient avec ses gencives noirâtres.

– Vous êtes fou ! Je ne m'en irai pas, vous avez compris ? ai-je affirmé, avec détermination.

– Tu ne veux pas comprendre, hein ?

Il ricanait et s'est soudain écarté.

Sur le seuil, j'ai vu apparaître deux silhouettes de femmes, fagotées dans des vêtements de campagne et de ville.

J'aurais voulu les appeler, dire quelque chose, mais ma voix restait coincée. J'aurais voulu arrêter l'employé qui, pour accueillir les clientes, était passé devant moi en leur demandant sans doute ce qu'elles désiraient.

Après un bref échange, elles ont secoué la tête et sont reparties sans me jeter un regard.

– On ferme ! a hurlé le patron dès qu'elles ont disparu.

En suivant la figure malingre du petit qui retournait derrière son comptoir en me frôlant presque, j'ai secoué la tête plusieurs fois en signe de dénégation.

– Pourquoi ? Pourquoi ?

Le patron m'imitait de nouveau.

– À toi rien, compris ?

Il me crachait au visage chaque mot, et m'a déversé tous les jurons qu'il connaissait dans ma langue maternelle :

– Salope, pute, merde chiée par ta chienne de mère, charogne, meurtrière ! articulait-il, les yeux exorbités.

– Non, non, c'est trop injuste... Je vais vous dénoncer... je vais à la police... Vous n'avez pas le droit... pas le droit...

– Espionne criminelle ! Tu sais ce que je vais te faire ? Je vais te traîner par là, et t'égorger, hein ? T'égorger comme une truie ! D'ailleurs, qui viendra te chercher ? Hein ! Je vais te vider de tout ton sang, meurtrière, allez, viens !

Il me retenait renversée en arrière sur le comptoir auquel je m'étais agrippée de toutes mes forces, je ne voyais plus que ses yeux injectés de sang et sa bouche blanche de bave. Je n'entendais plus ses injures, je ne sentais que ses mains et la force avec laquelle il m'entraînait dans l'arrière-boutique. Il me tirait en me malmenant rageusement.

J'ai touché le sol de la pointe des pieds et j'ai serré désespérément le rebord du comptoir. Il m'a semblé que l'homme ébauchait un signe de complicité.

En effet, le gamin a quitté sa cachette derrière le comptoir et m'a contournée en courant... J'ai aussitôt après entendu un vacarme et la boutique a sombré dans le noir : il avait baissé le rideau métallique, me coupant ainsi de la rue, je ne pouvais plus faire le moindre geste, ni même crier au secours parce que les sons mouraient dans mon gosier et mes jambes étaient plombées.

– Je vais te faire voir, moi ! menaçait encore l'homme. Je vais tout te faire payer, tu sais. Vous avez tué cinq de mes frères ! Vous comprenez ? Des barbares assassins... Tu verras, salope, que tu me le paieras !

– Pas moi, non... pas moi... pas moi ! ai-je balbutié imperceptiblement.

Et dans ma terreur fébrile, je songeais que, au cours de cette même guerre à laquelle il faisait allusion, et de la main des mêmes assassins, j'avais moi aussi perdu ma famille et failli perdre ma vie, parce que nous étions juifs. Mais juste après, j'ai été prise du doute qu'il n'aimait peut-être pas les Juifs et que mes protestations n'auraient fait qu'aggraver mon cas, alors je me suis tue, dans l'espoir, au fond de moi, qu'il n'irait quand même pas jusqu'à oser me tuer.

– Je vais t'achever ! *Kaput kurva fascista*[1] ! Compris ?

Il bavait en m'arrachant le bras pour m'entraîner, et ses insultes devaient s'entendre de l'extérieur, parce que quelqu'un ne cessait de frapper sur le rideau métallique.

D'un rapide regard, l'homme a fait signe au garçon de rouvrir et j'ai retrouvé ma respiration avec la lumière qui revenait pour me sauver, mais, toujours bloquée par les mains du commerçant, qui me plaquaient contre le comptoir, je fixais des yeux l'entrée lumineuse. Une silhouette haute et massive, dans une salopette poussiéreuse et enfarinée, est apparue. Dans mon désarroi, je ne parvenais pas à bien distinguer le nouveau venu qui s'avançait précautionneusement, du moins était-ce ce qui me semblait, pour parcourir les quelques mètres qui le séparaient du patron en un temps insupportablement long. À l'extérieur, derrière lui, sur une grosse moto d'un noir luisant était assis, de dos, un autre homme aux larges épaules, engoncé dans un blouson en faux cuir sombre, sans doute un agent dans son uniforme.

– Police ! Police !

Ma voix sortait de ma poitrine ankylosée, comme si cela n'avait pas été la mienne.

– Police ! Police !

Je criais de plus en plus fort, quand j'ai senti que plusieurs mains me saisissaient pour me jeter hors de

1. *Kurva* est une injure en tchèque : putain, salope.

la boutique. Je me suis retrouvée par terre, le visage à quelques centimètres des bottes de l'homme assis sur sa moto, pendant que quelque chose a volé sur moi, en effleurant le siège arrière du deux-roues, pour retomber plus loin sur la chaussée : c'était le paquet de mon pantalon.

– Police, s'il vous plaît...

Et, pour donner plus de force à ces cinq mots dans la langue slave, j'indiquais, derrière lui, le magasin que le jeune garçon, assisté par les deux hommes, était en train de fermer précipitamment ; la lumière bleue de l'enseigne a brillé encore pendant quelques instants, puis le néon a fini par s'éteindre. Le motard n'a pas tourné la tête, ses yeux regardaient vers la place à cette heure animée et moi, m'imaginant ridicule, pour ne pas sentir sur moi les regards curieux des passants, je me suis levée d'un coup en m'époussetant mécaniquement.

– Police, s'il vous plaît !

Je suppliais, en arborant une certaine dignité dans ma voix retrouvée, et j'indiquais de la main la silhouette du patron qui s'éloignait de la boutique en compagnie des deux autres pour disparaître ensuite dans une ruelle transversale.

– Ici pas police, milice, compris ?

Le milicien avait fini par ouvrir la bouche, révélant une dentition très blanche.

Il s'était soulevé de son siège, en dépliant sa haute stature avec une lenteur exaspérante. Il a fait craquer ses phalanges l'une après l'autre, et m'a fixée, avec un sourire indéchiffrable, enfin il s'est mis en mouvement et m'a fait signe de le suivre. Il marchait à grands pas de plus en plus rapides sans jamais se retourner et en me forçant à le suivre avec peine, presque à la course. Je l'ai effleuré d'une main pour lui faire comprendre d'aller plus lentement. Il a hoché la tête et m'a souri, mais il a repris de plus belle.

– *Langsam, bitte*[1], l'ai-je imploré.

– *Nicht deutsch, eh*[2] *!* et il m'a foudroyée de ses grands yeux marron.

– Où police ? lui ai-je demandé avec une vague inquiétude, qui me reprenait parce que les éclairages se raréfiaient et devenaient incertains.

– Milice ! m'a-t-il corrigée.

– Oui, oui, milice. Mais où ?

J'aurais voulu lui demander s'il avait quelques notions de ma langue maternelle comme beaucoup, dans cette région de populations mélangées, mais je n'osais pas.

– Milice, là !

Il indiquait une banlieue sombre et arborée, avec quelques maisons campagnardes éparpillées çà et là à la lisière du bois.

Je continuais, étonnée et rétive, me disant, pour me donner du courage, qu'il se pouvait que le commissariat

1. Lentement, s'il vous plaît.
2. Pas d'allemand, hein !

soit resté à l'écart, dans la partie ancienne du bourg, qui, avec les années, était devenu une petite ville.

Il s'était mis à siffloter et de temps en temps me lançait des regards qu'il voulait encourageants et des sourires toujours ambigus. Il avait ralenti le pas et s'était enfin décidé à me parler en m'expliquant que la milice se trouvait au-delà de la zone boisée, tout de suite après ce terre-plein délimité par des briques alignées et par une tranchée de sacs de ciment.

– Police là-bas ? ai-je demandé, perplexe.

– Police là-bas, a-t-il répondu avec calme.

– Pas électricité ?

À l'aide de gestes, il m'a fait comprendre qu'il y avait la lumière électrique, mais qu'on ne la voyait pas encore, et que nous devions continuer de marcher. Toute à mes efforts pour communiquer, je ne m'étais même pas aperçue de l'obscurité qui nous enveloppait et de l'absence d'habitations.

– Impossible, non, la police ne peut pas être là, ai-je pensé tout haut, en ralentissant soudain mes pas.

– Là-bas, là-bas, regarde !

Il m'indiquait un sentier à peine distinct. Il m'a poussée devant lui, en répétant que c'était bien là, et que bientôt nous verrions la maison de la milice.

J'ai avancé, en plissant les yeux, mais je ne voyais qu'une masse sombre et informe.

Quand je me suis retournée pour lui dire qu'il n'y avait aucune maison, je me suis retrouvée seule.

Plus trace du policier, comme s'il s'était volatilisé, se confondant dans les ténèbres.

– Milice, milice, je vous en supplie !

J'implorais les mains tendues, comme dans un jeu de colin-maillard, en brassant l'obscurité. J'ai hasardé quelques pas à droite et à gauche à tâtons dans le vide qui soudain avait effacé toute forme, unissant le ciel et la terre dans une même masse noire. Spontanément, mes yeux ont été inondés de larmes et, éclatant en sanglots sauvages, je me suis mise à courir à l'aveuglette en direction des aboiements d'un chien qui me guidaient vers une lueur qui filtrait d'une masure d'où montait également une fumée à peine plus claire que la nuit. Je volais comme une plume, sans douleur, sans pensée, avec mes cris plaintifs qui remplissaient le bois et se confondaient avec les aboiements qui se rapprochaient.

– Taxi, taxi ! ai-je supplié, en apercevant une silhouette humaine qui poursuivait le chien à l'apparence menaçante.

L'homme et le chien ont disparu comme ils étaient apparus et des gouttes glacées et denses ont commencé à tomber comme autant de pointes d'aiguilles. Aux fenêtres des premières maisons se sont profilées quelques femmes, alarmées par mes pleurs. Elles sont sorties dans les cours, pendant que je répétais « Taxi, taxi ! », honteuse de mes sanglots irrépressibles, autonomes, inhumains pour moi-même.

Sur la place, j'ai reconnu le magasin barricadé par le rideau métallique, mais mon regard cherchait la grosse moto du policier qui ne pouvait pas ne pas m'avoir précédée, mais l'engin s'était lui aussi évaporé. Des passants frigorifiés jetaient un coup d'œil, baissaient les yeux et se pressaient, certains changeant même de direction. J'essayais de contrôler ma voix, la rendant le plus normale possible et sans cesser, comme une absurde prière, de répéter le même mot : « taxi, taxi ». Je me rappelais vaguement que quelque part sur la place il devait y en avoir. Peut-être devant un nouvel hôtel... Pour mieux m'orienter et raisonner un peu, je suis revenue sur mes pas jusqu'au trottoir devant la boutique où j'avais été si brutalement molestée.

– S'il vous plaît, où taxi ? demandais-je aux passants, jusqu'à ce que j'entende une voix qui n'était que l'écho de la mienne répétant le même mot « taxi, taxi ».

Une main fragile s'est posée sur mon épaule pour me guider comme si j'avais été aveugle, vers l'autre côté de la place.

– Taxi ! m'a consolée la petite femme vêtue de noir et aux yeux vifs qui brillaient sous le foulard qu'elle avait tiré sur son front.

Elle souriait de sa bouche édentée et le châle qui la boudinait ne laissait de libres que la main nue qui me protégeait et l'autre chargée de sacs en plastique de couleur.

Aucun des trois premiers véhicules n'a voulu me prendre à bord. Ils me croyaient ivre et en ricanant entre eux ils lançaient des commentaires où je ne reconnus que les mots « hôpital » et « milice ».

– Non, non ! ai-je protesté en ouvrant grand la bouche et en leur soufflant mon haleine au visage pour qu'ils comprennent que je n'avais pas bu.

C'est ce que faisait mon père quand maman l'accusait d'avoir un peu forcé sur la boisson.

– Pas boire, pas hôpital, pas milice, Park Hotel s'il vous plaît, ai-je réussi à articuler en réprimant enfin mes pleurs.

Un quatrième chauffeur, moustachu, à l'air cordial, m'a fait signe de monter.

Il a fermé d'un coup sec la portière, il a démarré en accélérant à fond. On est arrivés en trombe à la lisière du parc qui entourait l'hôtel encore en construction, où je logeais, il s'est engagé dans une allée herbeuse, tout accidentée de nids-de-poule, qui l'ont obligé à ralentir en maugréant jusqu'à l'entrée éclairée devant laquelle il a pilé. D'une main il m'a ouvert la portière et de l'autre bien tendue il m'a réclamé le double de la somme règlementaire.

– La clé, ai-je demandé à la réceptionniste blonde.

Sans regarder nulle part, sans même attendre l'ascenseur, j'ai gravi quatre à quatre les marches de l'escalier jusqu'au quatrième et je suis rentrée dans ma chambre. Je me suis jetée sur le lit, en enfonçant ma tête dans le coussin et j'ai continué à pleurer, avec la sensation que je ne m'arrêterais jamais... Je ne comprenais même pas pourquoi j'étais en train de pleurer, je savais seulement que je pleurais, j'entendais seulement mes pleurs qui venaient de l'intérieur, des profondeurs, sans fin...

Peut-être aussitôt, peut-être au bout de quelque temps, quelqu'un a frappé à la porte. Puis une voix féminine, à laquelle s'est adjointe une autre, masculine. Ce devait être l'actrice américaine avec l'assistant réalisateur. Ils sont entrés, leurs pas se rapprochaient de mon lit, des mains ont touché mes épaules secouées de brefs sanglots. Les voix m'arrivaient, ouatées par le coussin, elles me demandaient avec insistance ce qui m'était arrivé, elles tentaient de deviner, en se consultant, elles conjecturaient... peut-être avais-je reçu de mauvaises nouvelles, peut-être un coup de téléphone, ou avais-je assisté à un accident de la route ?

Malgré tous mes efforts, ce n'est qu'à dix heures du soir, au bout de plus de trois heures, que je suis parvenue à prononcer la première phrase :

– On m'a battue !

Je commençais à ressentir des douleurs, çà et là, à l'estomac, au ventre, aux genoux, au bras droit. Je me suis palpée un peu partout, et j'ai essayé de me lever du lit. Je me suis traînée jusqu'au miroir de la salle de bains. J'avais les yeux tuméfiés, le visage légèrement gonflé, j'avais besoin de le passer sous l'eau froide. Je l'ai laissée couler, puis j'ai placé une joue et l'autre sous le robinet, cette brève douche me procurait un soulagement provisoire. J'ai remarqué sur ma table de chevet un morceau de pain encore enveloppé dans la serviette du petit déjeuner et, réagissant instinctivement à la douleur, j'ai voulu le manger, mais un élancement aigu a paralysé mon geste et ce n'est qu'alors que je me suis rendu compte que les joncs en or que je portais au poignet avaient été écrasés, et que les bracelets les plus tordus m'étaient entrés dans la chair. Je les ai comptés, il y en avait douze, le compte y était. L'actrice américaine et l'assistant réalisateur n'osaient pas me parler ni plus rien me demander, ils restaient muets, incertains, immobiles, au milieu de la chambre, suivant du regard mes gestes, elle toute en bleu avec son vison sur les épaules, lui dans son blouson en cuir doublé de fourrure.

– Je ne suis pas devenue folle, leur ai-je dit en les regardant.

– L'hôpital est à côté, a proposé l'assistant. Je vais t'y accompagner. On y va ?

Il s'adressait aussi à l'actrice. Il avait un ton inquiet.

– Ce n'est rien de grave, ai-je minimisé.

– Je ne peux pas venir, s'est excusée l'actrice, les yeux écarquillés et compatissants.

– Oui oui, aucune importance, ai-je répondu en l'embrassant sur ses joues parfumées.

– Tu me raconteras plus tard ?

Mais déjà sa voix se perdait derrière moi.

J'ai été saisie par le froid glacial dehors, et j'ai commencé à avoir des soubresauts si disgracieux et ridicules que j'ai éprouvé le besoin de me justifier.

– Tu entends ? Je tremble tant que je claque des dents.

– Il y aura un médecin de garde, essaie de te ressaisir.

Heureusement, l'hôpital se trouvait dans le parc de l'hôtel, mais de l'autre côté. C'était un bâtiment imposant, de construction récente, comme tous les établissements publics de cette petite ville dévastée par la guerre.

Du bout d'un long couloir souterrain, faiblement éclairé, venait à notre rencontre la silhouette malingre d'un homme, qui flottait dans une blouse blanche trop grande et trop amidonnée. La chevelure bouclée et épaisse frôlait presque le plafond. Sous la blouse qui lui tombait jusqu'aux chevilles, on apercevait à peine les ourlets sombres d'un pantalon qui recouvrait des chaussures délavées dont les lacets défaits traînaient sur le sol jonché de mégots. Il ressemblait à un certain poète juif communiste assassiné par les fascistes. Incroyable, je n'avais jamais vu une telle ressemblance, on aurait dit deux frères, deux jumeaux, c'était peut-être le cas, me suis-je dit alors, en fixant ses joues creuses, ses yeux enfoncés et énormes sous un front haut et diaphane, parcouru d'une résille de minuscules vaisseaux pareils à des sangsues. « Docteur Davidson », ai-je lu sur l'étiquette placée sur sa pochette. « Il est juif », ai-je compris avec soulagement. Je lui ai tendu la main gauche, parce que la droite me faisait trop mal. Au contact de sa peau glacée, j'ai frissonné et je me suis remise à trembler. Le médecin, d'une maigreur squelettique, a murmuré un salut à peine audible entre ses lèvres sèches et gercées. D'un seul regard, il avait compris que nous étions étrangers et il nous a adressé la parole en allemand. Il nous a ensuite fait signe de le suivre, nous guidant dans un dédale de couloirs, d'escaliers et de petites marches, qui montaient et descendaient, jusqu'à un dispensaire de jour. C'était peut-être son cabinet, avec un bureau envahi de papiers et de médicaments qui encombraient tout l'espace poussiéreux. Une lumière éblouissante me blessait les yeux.

– *Bitte, bitte*[1].

Il nous invitait à entrer en s'asseyant à son bureau. Il essayait de comprendre lequel de nous deux avait besoin de soins, ou plutôt il attendait de nous une confirmation.

– C'est moi, je ne vais pas bien, ai-je dit en m'asseyant face à lui.

L'assistant réalisateur était resté debout, légèrement en retrait, près de la porte.

– *Name ?* a-t-il demandé en anglais, en prenant une feuille et un stylo dans un geste automatique.

Il se tenait penché sur le papier et la lumière tranchante auréolait ses cheveux.

Je lui ai expliqué dans ma langue maternelle que je n'étais pas allemande et que je m'appelais Linda, Linda Weinberg.

Il a levé des yeux sombres et tristes, et m'a demandé sur un ton plus amical où je logeais.

– Au Park Hotel, là, tout près.

1. Je vous en prie, je vous en prie.

– Non, pas ici… Où êtes-vous née ? Quand ? Quel est votre lieu de résidence ? Excusez-moi, c'est mon devoir.

– Ah bien sûr, c'est moi qui vous demande pardon, j'étais distraite. Je suis née pas très loin d'ici, dans un village, mais sur mes papiers on a écrit autre chose, ce n'est pas moi qui ai fourni les renseignements, mais ma sœur. Après notre libération de Bergen-Belsen, les Américains ne comprenaient pas, ils riaient quand ma sœur essayait d'expliquer en épelant le nom trop long de notre village, c'était déjà pas mal s'ils connaissaient le nom de la capitale, ils confondaient même les pays, la Bulgarie avec la Hongrie, la Hongrie avec la Roumanie… ça arrive aussi avec les Italiens, oui, parce que je vis à Rome, c'est là que se trouve mon domicile, ai-je conclu, honteuse d'avoir autant parlé et dit tant de choses inutiles.

– Que vous est-il arrivé ? a-t-il demandé, troublé.

Il ne m'a pas laissé le temps de répondre et a poursuivi :

– Vous êtes touriste, ou vous avez de la famille ici ?

– Non, je collabore à un film qu'on tourne dans la région.

– Actrice ?

– Non, non, je suis une consultante… pour les scènes situées dans un camp de concentration.

– Qu'est-ce que vous vous êtes fait ?

– Moi-même ? Rien. J'ai été agressée dans un magasin.

– Parce que vous êtes juive ? s'est-il alarmé, incrédule.

– Non, pour une fois... en tant que hongroise. Ça s'est produit tout à l'heure, par un commerçant chez qui je suis allée échanger un pantalon...

– Incroyable.

– ... Cinq de ses frères ont été assassinés.

– Il y a eu des massacres dans la région, et malgré la fraternité qui unit les deux pays, des ressentiments peuvent subsister.

Il m'a regardée avec une gêne évidente.

– Ça n'aurait pas dû tomber sur vous, je suis vraiment désolé. Vous allez tout me raconter et je porterai plainte dans les règles à la police.

– À la milice, ai-je rectifié avec, dans ma voix, une touche d'ironie qu'il n'a pas semblé saisir.

– Où avez-vous mal ?

– J'ai mal à l'intérieur et à l'extérieur, au bras droit... aux jambes...

– Vous voulez boire quelque chose ?

– Non. J'ai froid, et j'ai aussi faim.

– Il n'y a rien à manger. Mais je peux vous faire livrer quelque chose. Ce Monsieur est votre mari ?

Il parlait lentement, avec de longs silences et de temps à autre, il redressait la tête, en exhibant un visage à présent congestionné, où les veines, par transparence, dessinaient des striures rougeâtres. Il s'est levé et a contourné le bureau, il s'est arrêté devant moi, il semblait ne pas oser me toucher, son ample blouse amidonnée me frôlait le nez, me coupant la respiration. J'ai écarté mon visage et le médecin a reculé d'un pas.

– Je dois me déshabiller ? Vous voulez qu'il sorte ?

– Je ne sais pas… Où avez-vous mal ?

– Aux genoux, et puis ici au poignet droit… à la tête aussi… à l'estomac, aux yeux… des bobos partout…

– Ôtez votre manteau, et votre pull.

Comme il paraissait gêné, il m'a communiqué son malaise pendant que je me dévêtais.

– Tu peux t'en aller, ai-je dit à l'assistant. Ce n'est rien de grave. Demain, tu dois te lever tôt, moi je ne viendrai pas travailler. Tu leur expliqueras, n'est-ce pas ?

– Tu veux vraiment que je m'en aille ?

Il était manifestement fatigué et sa phrase sonnait comme un congé.

– Oui, sans façon. L'hôtel est à côté, je n'ai plus peur. Au revoir. Merci.

Le médecin, de ses doigts glacés, a touché les endroits douloureux de mon corps et fixé son attention surtout sur ma main droite.

– Je ne crois pas qu'elle soit fracturée. Mais il faudra peut-être la plâtrer.

Sa voix me parvenait éteinte, comme culpabilisée par tout ce qui m'était arrivé.

– Venez. On va descendre en radiologie… et puis, si vous voulez, je vous ferai livrer quelque chose à manger.

Je l'ai de nouveau suivi dans le dédale des couloirs. En marchant, il avait dû laisser sa blouse se déboutonner, parce qu'elle voletait devant mes yeux, comme du linge à sécher au vent. Je ne sais pas pourquoi, j'en ai saisi le pan, de la main gauche, et je l'ai appelé par son nom. J'ai ajouté qu'il avait un beau patronyme.

– Beau ? s'est-il étonné. Davidson ? C'est si juif !

– Justement. D'autant qu'il n'a pas été aryanisé, contrairement à l'habitude.

– Faites attention aux marches, m'a-t-il mise en garde.

– Vous ne gaspillez pas l'électricité, hein ?

Il m'a répondu avec le plus grand sérieux que c'était simplement que des ampoules avaient claqué et que personne ne se souciait de les remplacer.

– Chez nous, tout le monde travaille et personne ne fait rien, a-t-il ajouté avec une parfaite indifférence.

Nous sommes entrés dans une pièce éclairée par un unique plafonnier rouge. Le médecin s'est excusé d'avoir les mains froides, puis m'effleurant à peine les épaules il m'a poussée vers l'appareillage dont je distinguais à peine les dures structures métalliques. Il a manœuvré l'écran en silence, il a cherché la position la plus favorable, en déplaçant délicatement mon bras blessé. Il a cherché longtemps et je lui ai demandé ce qu'il voyait. L'écran est remonté du bras à mon thorax.

– Vous fumez beaucoup ? m'a-t-il demandé.

– Oui, je fume, que voyez-vous d'autre ?

– Vous pouvez ressortir. Je vais vous plâtrer. Il faut nous excuser, je suis vraiment désolé.

– Il y a une fracture ?

– Non, votre poignet est simplement foulé. Il est plus prudent de l'immobiliser.

– Quelle barbe ! J'ai horreur de ça. Je déteste le plâtre. Je devrai le garder pendant combien de temps ?

– Au moins une vingtaine de jours. Venez, on va remonter.

Pendant qu'il préparait le plâtre, j'aurais voulu lui raconter quelque chose de moi, ou savoir quelque chose de lui, mais son mutisme m'en empêchait et je me suis contentée de l'observer penché sur le mortier, avec ses clavicules proéminentes, comme deux ailes qui soulevaient sa blouse. Cette présence squelettique, dévitalisée, suscitait en moi une sorte d'étrange attraction ; il pétrissait le plâtre avec une cuillère en bois, tout comme touillait ma mère quand elle préparait la chaux pour le ménage de Pâque. Je le lui ai fait remarquer, mais il n'a pas répondu.

– On est prêt ?

Il a enfin commencé à étendre le plâtre, mais d'une manière si maladroite que des éclaboussures sautaient un peu partout et ont taché son pantalon. Je lui ai proposé de les nettoyer, mais il a refusé d'un mouvement de tête. Une fois mon plâtrage terminé, il s'est méticuleusement lavé les mains dans le lavabo, en ignorant son pantalon, puis il s'est rassis au bureau et il a composé un numéro. Il parlait normalement, d'une voix claire, mais je ne comprenais rien à ce qu'il disait.

– Vous avez vos papiers ? m'a-t-il demandé en baissant le combiné.

– Non, je n'ai rien sur moi. C'est la réception de l'hôtel qui a gardé mon passeport.

– C'est un passeport de quel pays ?

– Israël. Mais maintenant que j'y pense, je dois avoir mon permis dans mon sac.

– Vous avez une voiture ?

– J'en ai eu une pendant quelques mois, mais je n'arrivais plus à payer les traites et j'ai dû la rendre.

– Moi, j'en ai une.

Il a souri, découvrant légèrement ses dents, grandes et ternes.

– Dites-moi exactement ce qui vous est arrivé. Je dois rédiger un rapport.

– Je suis rentrée dans ce magasin...

– Quel magasin ?

– Celui de la place, où se trouvent le nouvel hôtel et la station de taxis. C'est un magasin de vêtements pour femmes, le seul à cet endroit. J'y suis entrée vers six heures du soir pour échanger un pantalon que j'avais acheté la veille. Je ne l'avais pas essayé là-bas, mais ils m'avaient promis qu'ils l'échangeraient s'il n'était pas à ma taille. Ce que j'ai fait aujourd'hui même, avant six heures, horaire de fermeture.

– Qui ça, « ils » ?

– Les deux, le patron et l'employé du magasin.

– Et qu'est-il arrivé ?

Je terminais de lui raconter le déroulement des événements qu'il notait rapidement, quand nous avons entendu frapper à la porte. Nous avons tressailli tous les deux, mais le médecin s'est tout de suite ressaisi :

– J'ai commandé quelque chose pour vous, m'a-t-il rassurée.

Il s'est levé pour entrouvrir la porte juste assez pour laisser passer un plateau que lui tendaient deux bras poilus. Il y avait du jambon, du beurre, du fromage, un yaourt et du pain. Un vrai petit déjeuner.

– Pendant que je téléphone à la police, vous pouvez entrer là pour manger, si vous voulez.

Il m'indiquait, en gardant le plateau en main, une petite porte peinte en bleu que je n'avais pas remarquée jusque-là.

– Il fera certainement plus chaud… finalement non, restez ici, mieux vaut ici, a-t-il ajouté.

Mais je m'étais déjà dirigée vers cette porte qui ouvrait sur un minuscule débarras où régnait un désordre invraisemblable de revues éparpillées, de livres, de reliefs de repas, de cigarettes éteintes autour d'un lit de camp aux draps défaits, très usés et d'une propreté plus que douteuse. Unique note de pureté, le portrait encadré d'une fillette. Le médecin cherchait un endroit dégagé pour y poser le plateau qu'après bien des hésitations il a placé sur le lit. Je n'ai pas vraiment mangé : j'ai plutôt déchiqueté la nourriture dans mon assiette, car je n'avais qu'une faim nerveuse. J'étais restée seule et j'en ai profité pour fouiller dans les papiers d'un tiroir entrouvert, attirée par la photo d'un enfant. J'en ai trouvé deux autres, toujours de petits garçons et petites filles de différents âges, isolés ou en groupe, toujours les mêmes, mais dans des situations variées, probablement ses enfants, auxquels cependant manquait l'image de la mère, ou du moins d'une femme, jusqu'à ce que j'entende des pas. Pour ne pas être prise en défaut, je me suis empressée de ranger les photos.

– Vous n'avez pas mangé grand-chose. Je vous ai apporté un sédatif pour la nuit. Venez, je vais vous raccompagner à votre hôtel. J'ai quelques minutes de libres.

Nous avons quitté l'hôpital. Dehors, une brume était tombée, très bas, qui rendait évanescente la végétation et entourait d'un halo les lueurs des réverbères. Je marchais lentement aux côtés du médecin, en m'agrippant à son bras, quand j'ai vu surgir deux silhouettes indistinctes munies chacune d'une torche allumée. Elles semblaient nous rechercher justement.

– Madame, nous sommes deux journalistes, est-ce que ça vous ennuierait de nous parler de l'incident ?

– À cette heure-ci ?

– Madame doit aller se coucher, elle a besoin de repos, est intervenu le médecin.

– On vous a cassé un bras. Pourquoi avez-vous été agressée ?

– J'ai déjà porté plainte. Si vous voulez en savoir plus, allez à la police. N'insistez pas, elle est fatiguée.

– Nous venons de la police, a répondu l'un des deux, tout en éclairant devant nous l'allée qui conduisait à l'hôtel.

– Ne répondez pas, m'a conseillé le médecin. Ne parlez plus avec personne, allez tout de suite vous coucher.

Je n'avais pas la moindre envie de raconter une fois de plus l'incident et j'ai accepté de bonne grâce.

– Vous vous êtes disputés pour le pantalon, vraiment ? a ironisé le plus jeune des deux journalistes.

– Bonne nuit, a coupé court mon accompagnateur, en me poussant dans la porte-tambour et en entrant à son tour.

Nous nous sommes retrouvés dans le hall désert et j'ai éprouvé le besoin de lui demander avant de prendre congé :

– Quel est votre prénom, docteur Davidson ?

– David.

– David Davidson ? Facile à retenir. Alors au revoir David, et merci.

Nous nous sommes quittés avec un sourire de ma part.

Maintenant que je me retrouvais seule, je ressentais une lassitude oppressante, envahie de troubles confus, mais ma chambre anonyme n'en demeurait pas moins un refuge. Je me suis déshabillée avec peine, et à force de volonté, je me suis endormie.

Le téléphone m'a réveillée en sursaut. J'ai instinctivement tendu la main droite plâtrée, le combiné m'a échappé et il est tombé par terre, décroché. J'entendais au niveau du tapis le croassement :

– Madame... Madame... allô, Madame, il y a ici la police... la police vous attend, descendez tout de suite.

Je reconnaissais la voix de la réceptionniste blonde. Tendant la tête depuis le lit, j'ai crié :

– La police ? Que me veut-elle ?

– Descendez, m'a répondu la voix dans le combiné, avant de raccrocher.

J'ai regardé ma montre, il était huit heures du matin. Pile le jour où j'aurais pu faire la grasse matinée. Avec ma main handicapée, j'ai mis du temps à m'habiller. J'avais passé une nuit inconfortable et je ressentais une torpeur physique et mentale. Le couloir et l'ascenseur étaient encombrés par une association de chasseurs allemands armés de pied en cap, rouges et joufflus, qui m'ont accueillie avec des sourires en me soufflant leur haleine alcoolisée.

– *Guten Morgen, guten Morgen !* m'ont-ils saluée, en chœur. *Was haben Sie gemacht*[1] *?*

Ils faisaient allusion à mon bras attaché en bandoulière à mon épaule par un foulard.

Comme toujours, quand je rencontrais des Allemands, j'ai fait semblant de ne pas comprendre leur langue et je me suis précipitée vers la réception.

– Ils sont par là.

La réceptionniste m'a indiqué une des tables dans

1. Bonjour, bonjour. Que vous est-il arrivé ?

le hall qui ressemblait plus à une salle de classe qu'au salon d'un hôtel, sinon que les banquettes sur les côtés étaient rembourrées et recouvertes de plastique noir. Sur la gauche, près de la baie vitrée, voilée de givre, était assis un civil qu'à première vue j'ai pris pour le policier qui m'avait abandonnée dans le noir la veille, « cet être ignoble au visage souriant et aux dents éclatantes », me suis-je dit avec conviction. Il était vêtu d'un complet croisé du dimanche, en tissu sombre aux fines rayures, si pâles qu'elles se confondaient avec la couleur de l'étoffe. De loin, il m'a fait courtoisement signe de m'approcher, en se levant et en venant lui-même à ma rencontre. Mais j'ai dû me raviser, c'était un autre policier, grand lui aussi et plutôt bel homme.

– Excusez-moi, Madame, ont été ses premiers mots en italien, avec un fort accent.

Avant de m'inviter à m'asseoir, il a aperçu le factotum, à la fois liftier et serveur, qui s'activait dans l'hôtel de l'aube au cœur de la nuit. Il avait le visage tout rouge et semblait bouleversé.

– Monsieur est le chef de la police régionale, a dit le factotum. Vous devez lui raconter l'incident d'hier dans les moindres détails. Et je vous servirai d'interprète.

– Mais la police sait déjà tout, le Dr Davidson de l'hôpital a porté plainte hier soir... Je peux avoir un café ?

Le chef de la police devait avoir compris ma demande, car il a fait signe à un serveur qui est accouru, démentant pour une fois sa paresse habituelle. Et il est revenu en effet aussitôt avec du café turc pour tout le monde.

– Vous devez raconter tout depuis le début et très lentement, m'a expliqué le traducteur improvisé.

– C'est lui qui doit m'aider. Dis-le-lui, ai-je répliqué sur un ton léger et presque badin. Il n'est pas de la police ? Alors, les faits, il les connaît déjà.

Le policier a dû percevoir mon hostilité, parce qu'il s'est adressé au garçon, mais sans me quitter des yeux, comme le font les chefs de gouvernement quand ils parlent entre eux par l'intermédiaire d'un interprète, et il arbora un sourire compréhensif qui semblait s'excuser. Le garçon buvait ses paroles qu'il tentait de se hâter de traduire par d'autres mots qui avaient une consonance obséquieuse et un peu ridicule comme « Monsieur le Chef de la Police régionale désire tout savoir de votre bouche », et « Monsieur le Chef présente ses excuses à Madame au nom de son pays et de sa région ». Il avait l'air de construire une pyramide de phrases. Rien que pour lui épargner cette peine, je me suis décidée à tout raconter lentement, avec précision et par le menu, depuis le moment où je suis entrée pour la première fois dans le magasin jusqu'à la rencontre avec les deux journalistes dans la brume du parc. À mesure que j'exposais les faits, je sentais monter en moi une sourde colère.

Le chef de la police écoutait avec le plus grand sérieux, se montrant compréhensif et carrément d'accord avec moi quand, sans m'en rendre compte, je commentais l'incident en disant qu'à la limite, l'agresseur, je pouvais le comprendre, mais le policier, franchement pas, car il avait agi comme un goujat. J'insistais pour savoir qui il était, si on lui avait déjà parlé et si on avait compris pourquoi il m'avait entraînée dans ce guet-apens. Puis je me suis tue, pour laisser à notre pauvre interprète le temps de traduire. En attendant la réponse, j'ai eu le loisir de boire la deuxième tasse de café qu'on m'avait donnée, ayant laissé la première intacte.

– Eux (et le garçon indiquait le chef de la police), ils savent que vous avez raison, ils savent que vous n'êtes pas l'ennemie de notre pays… ils font des enquêtes, ils cherchent ce policier, ils cherchent le patron et l'employé du magasin… ils les écouteront tous. Après il reviendra tout vous dire à vous. Vous, Madame, vous devez avoir justice, eux punition. Ici il y a justice… vous devez être tranquille… ne parlez avec personne. Il ne faut dire rien aux journalistes, maintenant non, après oui, a-t-il conclu en poussant un gros soupir de soulagement.

Le chef de la police s'était levé et acquiesçait gravement. C'était sa manière de prendre congé.

Par pure courtoisie, il m'a encore demandé comment je me sentais dans leur pays et si je l'aimais. Il a même montré de l'intérêt pour le film que nous tournions et pour le travail, si tout se passait bien. Il a terminé en présentant de nouveau ses excuses au nom de sa patrie.

Je l'ai regardé franchir la porte-tambour quand est réapparu le médecin, vêtu d'un manteau gris trop grand pour lui. Cela n'a duré qu'un court instant, mais j'ai eu l'impression qu'ils évitaient de se saluer : cependant j'en étais certaine, parce que Davidson qui tenait un journal ouvert y a enfoui la tête. Je me suis levée pour aller à sa rencontre.

– Tu le connais ? lui ai-je aussitôt demandé, en lui indiquant la voiture sombre qui disparaissait entre les arbres.

Pour toute réponse, il me dit qu'il avait su, grâce à la réceptionniste, que j'étais déjà debout.

– Cet homme, le connais-tu, oui ou non ?

Comme il hésitait, j'ai répondu pour lui :

– C'est le chef de la police de la région. Il m'a interrogée sur l'incident.

– Regardez ça. Il y a quelque chose sur vous, c'est pour ça que je suis venu.

Il m'a montré le journal ouvert. Je l'ai invité à me tutoyer.

– J'essaierai, a-t-il dit avec un demi-sourire.

Et il a ajouté, en baissant encore plus la voix :

– La police a bloqué la nouvelle pour les journaux qui allaient être déjà imprimés ce soir, sauf ce papier.

C'était le quotidien local.

– Qu'ont-ils écrit ? ai-je demandé.

– Que… tu… t'es disputée avec ce commerçant pour un pantalon, pour des motifs futiles, un prétexte pour l'insulter et pour mettre en cause notre système social.

C'est pourquoi le type vous a chassée de sa boutique, et vous êtes tombée.

– Quoi ? me suis-je écriée en lui arrachant le journal des mains.

– Ce matin aussi, au journal télévisé régional, on a fait allusion à l'événement, on parlait d'un citoyen et camarade exemplaire, frère d'une Médaille d'Or de la Résistance.

– Moi ? Que j'aurais insulté le patron ? ai-je répété en suffoquant.

– On vous a présentée comme une Juive, ancienne déportée, résidant dans un pays de l'Europe de l'Ouest, une étrangère assurément hystérique qui a offensé, avec morgue, notre propre marchandise.

– Mais c'est faux, archifaux... comment osent-ils ? C'est stupide et odieux.

Je me sentais totalement perdue.

– Tu peux m'aider ? ai-je demandé. Tu connais quelqu'un ?

– Non, je ne connais personne.

– Pas même le journaliste qui a écrit cette saloperie ?

– C'est la rubrique des chiens écrasés, l'article n'est pas signé.

– Et le journal, tu le connais ? Le directeur ? Je ne sais pas, moi...

Il a secoué la tête, découragé.

– Non, personne. Je ne peux pas...

– Il le faut.

– Je ne peux pas.

– Pourquoi ? Tu as peur ? J'ai dit la vérité. Je te le jure.

– Je ne connais personne qui ait assez d'influence…

– Et moi, qu'est-ce que je dois faire pour démentir la nouvelle ? Ce sont des accusations ignobles, tu comprends ?

– Tu sais, mieux vaut faire profil bas.

– Tu as peur parce que tu es juif ?

– Non, j'ai porté plainte dans les règles, comme je fais toujours, je ne peux rien de plus.

– Mais…

– J'ai cinq enfants, un bon travail…

– Cinq enfants ?!…

– Il est presque neuf heures, je dois retourner à l'hôpital.

Il s'excusait en ajustant maladroitement son manteau qui devait peser sur ses épaules.

– Mais que me veulent-ils ?

La question m'a échappé comme un cri qui l'a épouvanté. Il était resté immobile pendant tout ce temps, sans même me regarder, fixant devant lui le rebord du guéridon brûlé par des mégots et ce n'est qu'alors qu'il a levé les yeux pour jeter un coup d'œil autour de nous dans le hall, où personne ne nous prêtait attention. Forcée de me taire, avec David qui refusait de m'aider, j'ai regardé à l'extérieur un morceau de ciel plus clair où l'on devinait le soleil, le terrain de jeux entre les arbres, où un écolier engoncé dans des vêtements chauds échappait à la main de sa mère pour courir vers un manège et une balançoire.

– Il n'est pas un peu tard pour aller en classe ? ai-je demandé, un instant distraite, avant d'ajouter : Qui sait ce qu'ils enseignent à ces petits malheureux à l'école ?...

Il a murmuré quelque chose concernant ses cinq enfants.

– Mais comment peut-on mettre au monde autant d'enfants ?

Mon étonnement a dû le blesser parce qu'il a ressenti le besoin de se défendre en me racontant qu'il ne savait même pas comment ils leur étaient venus... peut-être était-ce la conséquence du camp de concentration... de l'« après », quand il s'était retrouvé seul et libre, et si mal en point que la première femme qui lui avait dit oui, il l'avait prise pour l'épouser.

– Et qui est-ce ? lui ai-je demandé spontanément.

– Ce n'est pas une Juive. C'est une femme simple. Ma fille aînée m'aime bien, ce n'est que pour elle que je vais à la maison parfois.

– L'aînée, c'est celle de la photo encadrée dans ta tanière ? Elle te ressemble...

– Non, non. Elle est belle, grande, plus que moi. Maintenant j'y vais, au revoir.

Je l'ai accompagné jusqu'à la porte et je suis retournée à ma place, sans savoir ce que je devais faire, me recoucher, me rendre au siège de ce journal ou profiter de cette journée libre pour faire quelques courses. Dans le doute, je suis restée assise pour récapituler les événements. Mon indécision croissait au point de devenir si angoissante que je n'avais même plus la volonté de vivre. La solitude m'opprimait comme le reste du monde.

Je suis remontée dans ma chambre où je me suis enfermée à clé. Je me suis rapprochée de la fenêtre, tout embuée, sur laquelle j'ai écrit, du bout de l'index, le prénom du médecin. Puis, j'ai observé les lettres qui en se déformant dégoulinaient au point de devenir illisibles.

Une main plâtrée est inutile et stupide, toute cette histoire est stupide, me suis-je dit à moi-même, tout en sachant que si c'était la fin, il valait mieux s'en aller tout de suite, sortir, laisser tout tomber. Je suis stupide, moi aussi, me suis-je longuement reproché. Au fond, je me fichais bien du pantalon, je n'ai jamais aimé les pantalons et je n'en ai presque jamais porté. Et quand j'en achetais, je les gardais de côté, me promettant de les mettre un de ces jours. Peut-être n'en portais-je pas parce que ma mère me grondait et me regardait avec horreur quand, pour m'amuser, enfant, j'en enfilais un de mon frère. C'était une des nombreuses choses qu'elle désapprouvait avec indignation, en m'insultant avec violence.

En attendant que l'eau bouillante remplisse la baignoire, j'ai tournicoté dans la chambre, déjà nue, avec ce plâtre absurde.

J'allais prendre mon bain, quand j'ai entendu quelqu'un frapper à la porte.

– Qui est-ce ? ai-je hasardé.

Personne n'a répondu, mais je sentais une présence.

– C'est moi, a murmuré une voix très basse.

– Qui ?

– L'interprète, le garçon d'étage. Je vous apporte votre petit déjeuner.

– Mon petit déjeuner ? Mais pourquoi maintenant ? Je n'ai rien commandé.

– Cuisine a dit que c'était écrit et je dois apporter, Madame, s'il vous plaît.

J'ai enfilé quelque chose, j'ai ouvert la porte et je lui ai indiqué le lit où poser le plateau.

Mais il s'est dirigé vers mon bureau tout encombré, près de la fenêtre, avec le plateau qui tremblait dans ses mains, puis il s'est arrêté au milieu de la chambre, comme paralysé.

Je me suis mise soudain à l'interroger sur ses parents, il m'a répondu que c'étaient des paysans et qu'ils habitaient derrière la colline, à l'endroit où le flic voulait m'amener en prétendant que le commissariat se trouvait là. Le garçon m'a confié que ce n'était pas dans ce coin que se trouvait la police, et qu'il se levait à quatre heures du matin pour venir travailler. Parfois il pouvait rentrer se reposer chez lui dans l'après-midi, mais le trajet lui prenait trop de temps et il préférait rester à l'hôtel toute la journée.

Après avoir mûrement réfléchi, il m'a demandé ce qu'on me reprochait pour que la police vienne ainsi m'interroger. Mais il ne m'a pas laissé le temps de répondre, il a posé le plateau et il s'est hâté de s'en aller.

Peut-être qu'il ne voulait pas être surpris en train de bavarder par la femme de chambre qui était apparue dans l'entrebâillement de la porte, armée d'une serpillière et d'un seau.

– Non, non, s'il vous plaît, plus tard, plus tard.

Je l'ai repoussée, décidément venimeuse, affrontant ses yeux de Gitane.

Je me suis immergée dans le bain, embarrassée par ma main plâtrée que je devais laisser en l'air, hors de l'eau, et j'ai eu un soubresaut de colère, en me rappelant un passage de l'article : « Ancienne déportée, hystérique ». Pour n'y plus penser, je n'avais qu'à disparaître sous l'eau. J'en suis ressortie toute ragaillardie. Je me tenais assise sur le rebord de la baignoire, quand de nouveau on a frappé à la porte. Je me suis enveloppée d'une serviette et je suis allée demander qui c'était.

– Madame ! me pressait-on d'une voix sévère.

J'ai ouvert la porte et j'ai vu apparaître une autre femme de ménage, elle aussi armée d'un balai et d'un seau plein d'une eau sale, où flottait la serpillière.

Elle venait me dire qu'elle devait faire la chambre, et elle insistait en agitant ses instruments de nettoyage.

Je lui ai montré ma main plâtrée, je lui ai fait comprendre que je n'allais vraiment pas bien. Appuyant sa généreuse poitrine sur son balai, elle m'a touché le front et elle m'a proposé de m'aider parce que, au fond, j'étais une gamine et qu'elle aurait pu être ma maman.

J'ai mieux observé son large visage, si net, aux yeux grands ouverts qui cachaient un cœur d'or. Elle était plus petite que moi et je me suis baissée pour l'embrasser. Elle le fit à son tour, à plusieurs reprises, et nous

nous sommes regardées en silence, longuement, puis je lui ai enlevé des mains son balai et son seau, je voulais qu'elle s'assoie. Elle s'est mise à rire, à secouer sa tête brune comme pour dire qu'elle avait à faire, qu'elle était habituée à travailler.

– Vous en voulez ?

Je lui ai montré le plateau où le beurre avait fondu et formait une bouillie avec la confiture.

– Au lit ! m'a-t-elle répondu en plaisantant et en me tendant le plateau, avant de sortir.

J'ai commencé à manger distraitement ; en regardant le deuxième petit pain tout frais et intact, j'ai eu une grande envie de faire l'amour. J'ai ressenti aussitôt des spasmes et des battements dans mon sexe et j'ai regardé fixement le pain. Je l'ai pris dans ma main saine, je me suis excusée, je l'ai appuyé sur mon bas-ventre, je l'ai serré entre mes jambes, de plus en plus enivrée par ma sensualité qui m'entraînait, à une rapidité déconnectée, jusqu'à un sommet de plaisir destiné à me faire oublier la réalité.

Les yeux fermés, épuisée de jouissance, j'ai porté à mes lèvres le pain chaud et humide, qui sentait la farine et le muguet. J'ai enfourné bouchée après bouchée, sans ouvrir les yeux, et je me suis laissé gagner par une somnolence sereine.

En rouvrant les yeux, je ne comprenais plus où j'étais, ni pourquoi je me trouvais là. J'étais surprise que mon bras me pèse autant, je ne savais plus si nous étions le jour ou la nuit. J'avais l'impression qu'un temps infini s'était écoulé depuis que je m'étais rendormie, qui sait combien. J'ai reconstitué ma présence au monde et le lieu où j'étais. J'ai tendu l'oreille pour savoir si mes collègues étaient revenus du tournage. Ma montre avait dû s'arrêter, car elle indiquait une heure seulement.

Ne pas savoir l'heure exacte m'a perturbée. Mais je n'avais pas envie d'appeler la réception. Derrière le lourd rideau, je devinais qu'au-dehors le jour était tombé. Mes collègues avaient dû rentrer ou le feraient d'un moment à l'autre.

J'ai allumé une cigarette et j'ai avalé ce qui restait de lait sur le plateau. Je n'avais pas le moindre désir d'aller dîner, je me sentais si bien dans mon lit. Avec ce stupide plâtre en bandoulière !

Le réalisateur rirait, c'est certain, l'actrice américaine pousserait des petits cris d'épouvante, l'actrice française exprimerait de la compassion avec ses yeux battus, elle, toujours dans son coin, éloignée de la troupe et plongée dans ses tourments qui se lisaient sur son visage intense.

Le regard de ce sale voyou de producteur communiquerait une forme de sympathie humaine et ses lèvres ne pourraient s'empêcher de parler de travail, de fric, d'assurance.

J'ai entendu enfin des pas dans le couloir, un bruit de clés attachées à des boules de plastique qui se heurtaient aux portes en pleine nuit. Presque aussitôt, on a ouvert les robinets dans les baignoires et j'ai compris qu'ils étaient de retour, c'étaient bien eux, mes collègues, car c'était la première chose que l'on faisait toujours, en rentrant à l'hôtel. J'ai du reste reconnu la voix du réalisateur qui hurlait au téléphone, s'énervant de plus en plus parce que la communication avec l'étranger ne cessait d'être coupée.

Après un bref silence, j'ai entendu quelqu'un s'approcher de ma porte. J'ai sauté du lit, j'ai tourné la clé et je suis immédiatement retournée sous les couvertures.

– Mais qu'est-ce qui t'est donc arrivé ? Que t'es-tu fait ? a demandé le réalisateur en éclatant de rire, sur le seuil.

Puis il s'est précipité vers moi et m'a embrassée de façon ambiguë et insistante.

– Arrête et écoute-moi.

J'ai essayé de résumer les événements le plus brièvement possible, parce que je constatais qu'il était plus inattentif et sourd que d'habitude.

– Tu pourras peut-être m'aider. Ce matin, le chef de la police de la région est venu m'interroger. Je ne sais pas ce qu'ils me veulent...

– Mais qu'est-ce que tu en as à foutre ? Laisse-les dire, laisse tomber. Pourquoi faire tout ce bordel ? Calme-toi... Qu'est-ce que je peux y faire, moi ? Je tourne un film et tu ne veux même plus coucher avec moi. Mais pourquoi tu ne le trompes pas avec moi ? Je suis plus beau ! C'est moi que tu détestes et c'est lui que tu aimes, alors qu'il n'est même pas circoncis ! Laisse-moi filer, parce que tu me castres avec tes yeux !

Il s'est relevé. En riant, il a ajouté qu'il m'attendait en bas pour le dîner et pour qu'on parle un peu travail.

À la porte, il s'est retourné et a ajouté que mon amie américaine, l'actrice, m'attendait.

– À moins que tu ne l'aimes plus, elle non plus ? a-t-il demandé en riant. Vous êtes tellement juives toutes les deux, non ?

J'ai avalé deux somnifères, je n'avais qu'un désir : me rendormir le plus tôt possible. Rien d'autre.

Le chauffeur, en m'amenant au tournage, était plus taciturne que d'habitude. Il ne m'a posé aucune question, pas même sur ma main. Il regardait droit devant lui la petite route de banlieue couverte de neige et de boue. Il avançait un peu par tressautements vers la lisière d'un bosquet avec une clairière herbeuse envahie de baraquements en bois où une masse de personnes s'employait à éclairer l'actrice américaine, avec un faux crâne rasé, prête à souffrir sous l'œil de la caméra.

– Maintenant comment vas-tu expliquer à celle-là (le réalisateur m'indiquait l'actrice) de quelle manière mange une crève-la-faim ?

– *Oh, you feel better ?* m'a-t-elle demandé en m'accueillant. *Show me how to eat, please*[1].

Elle me tendait une espèce de gamelle vide, et une cuillère tordue.

1. Oh, vous vous sentez-mieux ? Montrez-moi comment manger, s'il vous plaît.

– Vite, je vais tourner, m'a annoncé le réalisateur, en me poussant en pleine lumière.

– *Achtung*[1] *!* a-t-il crié à plusieurs reprises.

Des baraquements sont sorties des centaines et des centaines de jeunes femmes au crâne rasé, en uniformes à rayures. Elles couraient toutes ensemble, se bousculant, hurlant, se lançant des coups de pied, vers trois grands bidons en zinc que six prisonnières, armées de louches et de bâtons, transportaient vers trois marques tracées à la craie par terre.

– Courir, en haut les gamelles, stop ! a hurlé le réalisateur. Toi, Melinda ! Place-toi au centre, montre-leur à toutes comment on mange, ou plutôt, reste après parmi elles pour une répétition, guide-les et suggère-leur les gestes, compris ?

Les filles, pieds nus ou avec des sabots, épuisées par le froid, le visage violacé, me fixaient muettes et mécontentes.

– *Shit, shit*[2] *!* lâchait l'actrice.

Elle trépignait en m'ordonnant de rester près d'elle et de lui expliquer une fois de plus les gestes qu'elle devait faire pour manger.

Encore une fois, je lui ai montré les gestes excités d'une affamée et sa peur qu'on lui vole sa part de brouet, sa gamelle, sa cuillère, pour éviter d'être punie.

1. Attention !
2. Merde, merde !

Perdre sa cuillère, qui valait une portion de pain, cela signifiait aussi une punition.

– Oh, oh ! soupirait l'actrice qui allait me poser une autre question.

– Assez ! Que faites-vous là-bas ? Melinda ! On n'a plus le temps, va-t'en, montre aux autres maintenant comment elles doivent manger. Venez ! Regardez-la ! (Il appela les filles). Vous avez vu ? Maintenant, on répète tout ensemble avec Madame Melinda. Il faut que vous vous jetiez sur les bidons, ce n'est pas une promenade, vous crevez de faim, compris ? Allez ! Que faites-vous là-bas, avancez les bidons, bordel ! Reculez ! Reculez ! Il n'y a personne pour donner le départ ? On répète ! *Achtung ! Achtung !* a hurlé de nouveau le réalisateur.

Les centaines et les centaines de filles muettes et réellement rasées – parce que beaucoup avaient accepté, pour quelques sous en plus, de passer à la tondeuse – couraient en me bousculant avec leurs coudes, leurs bonds en l'air et leurs coups de pied. Si je ne m'étais pas défendue, je me serais retrouvée étalée par terre.

– Bien, bien, bravo ! s'est réjoui le cinéaste.

Il a eu l'idée immédiate de me transformer en une des prisonnières pour les stimuler et les entraîner parce que, avec moi au milieu d'elles, elles bougeaient mieux.

Je me suis retrouvée entre les mains d'habilleuses, de costumières, de coiffeurs et de maquilleurs, qui me manipulaient en tous sens et, sans m'en rendre compte, à force de retouches et d'ajustements, je me suis présentée devant les yeux bleus du réalisateur qui approuvait mon aspect.

– On est prêts ? Les porteuses de bidons, vous m'entendez ? Vous devez vous démener avec les louches et les bâtons, compris ? Une louche et un coup de bâton. Qui ça fait rire ? Une répétition et on tourne.
– Silence !

Au troisième clap, je me suis rendu compte que rien n'allait, on apercevait mon plâtre, ça n'existait pas une déportée plâtrée, il suffisait d'avoir un bouton sur la peau pour être exécutée.

Les mêmes personnes qui s'étaient emparées de moi pour me maquiller et m'habiller en prisonnière, maintenant me déshabillaient, me réchauffaient, me rhabillaient pour me rendre au réalisateur qui m'avait déjà fait appeler.

– Madame !

J'entendais qu'on me sollicitait de nouveau. Croyant que c'était l'assistant du réalisateur, j'ai fait signe dans le miroir que je me remaquillais, que j'arrivais tout de suite, immédiatement. Mais, au lieu du visage robuste et guilleret d'un des innombrables collaborateurs recrutés localement, j'ai découvert un inconnu, pâle, calme, coiffé d'un chapeau sombre et légèrement penché vers l'avant.

– Je suis l'avocat, m'a-t-il annoncé en s'approchant.

– L'avocat de qui ? ai-je demandé, étonnée.

– Le vôtre, a-t-il souri avec mélancolie, en sortant ses mains de son manteau en poil de chameau. Je suis ici pour vous, je suis à votre disposition. Mais je voudrais que vous me racontiez tout ce qui vous est arrivé, dans le moindre détail, comment, quand, où, exactement.

– Non. Je n'ai réclamé aucun avocat. Je suis occupée là, je suis désolée. Je voudrais qu'on me laisse tranquille.

– Je vous attendrai. Ne vous inquiétez pas.

– Je ne veux rien. Je n'ai pas besoin d'avocat.

– Vous avez été agressée ou non ?

– Oui, bien sûr !

– Alors c'est moi qui vais vous défendre. Nous pouvons demander des dommages et intérêts, une indemnité.

– Non, je ne veux aucun dédommagement, je n'en ai même pas réclamé aux Allemands !

– Calmez-vous, Madame. Il va falloir que nous nous entendions, vous et moi.

– Ce que je veux, c'est que les journaux disent la vérité. Vous savez ce qu'ils ont écrit ?

– Non, je ne sais rien.

– Alors pourquoi êtes-vous ici ?

– J'ai été mandaté.

– Par qui ?

– Calmez-vous. Avec un peu de patience, nous résoudrons tout. Je ne travaillerai que dans votre intérêt.

– Mon intérêt se réduit à démentir cet article mensonger et rétablir la vérité, rien de plus. Je suis en retard, maintenant je dois y aller, le réalisateur m'attend.

Je l'ai quitté brusquement.

À l'endroit où je les avais laissés en train de tourner, il n'y avait plus personne. L'air était devenu comme plus épais, plus gris.

À l'entrée du faux camp une enseigne lumineuse clignotait : *ARBEIT MACHT FREI*[1] et la lettre I manquait au premier mot.

Dans le baraquement numéro huit, autour du poêle noir, où on se précipitait après avoir tourné, pour se réchauffer, j'ai rejoint le cinéaste.

– Il manque un I à l'extérieur, à l'entrée, au mot *ARBEIT*, lui ai-je dit.

Mais il continuait à siroter son thé dans sa tasse, qu'il tenait entre ses mains gantées.

– Qu'est-ce que tu bafouilles encore ? a-t-il fait après une pause, agacé par mon retard. Excuse-moi, hein ? a-t-il ajouté en me prenant par le bras.

Par une impulsion violente, je me suis libérée de son contact. Nullement troublé, il a expliqué qu'il se foutait royalement de la lettre I. Ce qu'il voulait, c'était de ne pas être détesté par moi qui me laissais courtiser par ce chef de la police et maintenant par un avocat qui me recherchait désespérément.

1. *Le travail libère* : inscription de la pancarte à l'entrée des camps de concentration.

– Tu me laisses sans voix, lui ai-je répondu. Tu es décourageant.

Il m'a parlé de la scène qui était très réussie et il m'a entraînée vers un des derniers baraquements, vide et sans fenêtre. En venant, je m'étais aperçue que l'avocat me suivait et me faisait signe qu'il voulait me parler plus tard, quand j'aurais terminé mon travail.

– Il y a une surprise.

De sa main gantée de cachemire, le réalisateur indiquait le baraquement. Sa satisfaction m'intriguait et j'ai hâté le pas. Il a escaladé la fenêtre en me précédant. J'allais sauter à mon tour quand, à la vue de la centaine de regards vides et de bras squelettiques entassés, je suis restée glacée d'effroi, en biais sur le rebord de la fenêtre.

– Eh bien ? Qu'en dis-tu ? N'ont-ils pas l'air vrai ? Regarde-les, ils sont arrivés la nuit dernière. J'en ai demandé davantage, mais c'était impossible, ils coûtent trop cher. Ces connards de Rome ne m'ont même pas envoyé les enfants que j'ai réclamés, ils m'en avaient promis une vingtaine. Ils auraient fait de l'effet dans le tas, on les aurait même mis en évidence. Non ? Alors ?

Il m'a prise à bras le corps pour m'aider à descendre à l'intérieur.

L'avocat s'était à son tour appuyé au rebord de la fenêtre pour épier par curiosité, mais il avait aussitôt détourné le regard, immédiatement ahuri.

– Allons, on ressort, viens... Mais tu es impressionnée ?

Le réalisateur, me poussant vers la sortie, riait.

– On va tout vérifier dans l'atelier de couture, puis je te laisse avec ton avocat. Mais dans quel pétrin tu t'es mise encore ?

Moi qui, à l'exception de poux, n'ai jamais tué, j'ai éprouvé le désir irrépressible de le détruire sur-le-champ.

– Je suis obsédé par le film, s'est-il justifié en voyant mon expression hostile. L'Américaine ne fonctionne pas, elle minaude, elle pue le fond de teint, elle n'a que ses yeux, tout le reste est à chier, elle ne vaut rien. On dirait une naine. Regarde-la. Elle s'est serré la ceinture pour mettre ses nichons en valeur. Va la voir, dis-lui qu'elle ne doit pas exciter ses bourreaux, pas encore, ça ne viendra que dans la seconde partie du film.

L'avocat nous suivait, muet et patient, comme s'il n'avait rien eu d'autre à faire que de m'attendre, lui était là, il n'était pas pressé. Mais je ne pouvais plus rien faire et je préférais le rejoindre.

Il m'a assuré qu'il ignorait les détails et les motifs de l'incident et avec ses yeux d'un doux brun, il m'a fait croire qu'il n'était même pas au courant de la visite du chef de la police de la région. Il disait qu'il ne connaissait pas le patron de la boutique ni l'auteur de l'article du journal. Il n'avait jamais vu le docteur Davidson ; son unique devoir était de m'aider et le mien était de lui raconter tout à partir du début.

– Et comment avez-vous su alors ? lui ai-je demandé, désorientée.

– On m'a informé de façon sommaire.

Il se défilait, promettant de m'aider en tout, pour toutes mes démarches. Fort de cette promesse, il insistait pour qu'on trinque. Nous avons donc rejoint le baraquement numéro huit avec son bar improvisé, dans une bousculade de gens qui ne faisaient que boire et manger en continuité. À notre entrée, la plupart des consommateurs se sont écartés pour nous laisser passer.

Au salut de l'avocat, beaucoup ont répondu respectueusement, comme les gens de mon village quand ils croisaient le curé, l'instituteur ou un gendarme.

En écoutant mon récit, l'avocat avalait une vodka derrière l'autre, en manifestant une compassion de plus en plus appuyée et un déplaisir croissant. Lui aussi, il demandait pardon au nom de son pays, en se disant certain qu'il obtiendrait assurément justice pour l'offense que j'avais subie. Soudain, il exprimait une grande impatience de s'en aller, en me promettant de revenir bientôt, avec de bonnes nouvelles pour moi.

À l'hôtel où d'habitude j'étais pressée de me retirer après le travail, j'ai immédiatement été choquée par le store qui était déglingué et j'ai eu envie de m'en prendre sur-le-champ à la réceptionniste qui m'avait promis, dès mon arrivée, de le faire réparer ou de me changer de chambre.

En entendant la radio d'un Arabe, à mon étage, je me suis bouché les oreilles et j'ai médité d'aller moi-même lui ordonner de baisser le volume de ces prières funèbres insupportables. J'ai mentalement dressé une liste rapide de tout ce qui ne marchait pas et mon mécontentement croissait démesurément jusqu'à l'exaspération. J'en voulais au monde entier, comme ma mère, qui, commençant par grommeler contre sa vue qui ne lui permettait pas d'enfiler le fil dans le chas de l'aiguille, finissait par s'en prendre à Dieu en personne.

Quelque chose me retenait de sortir, et je me suis instinctivement dirigée vers le lit. Je suis restée là, longuement, à fixer le téléphone comme font les amoureux.

J'étais en proie à une sombre inquiétude, agaçante. J'ai ouvert la fenêtre en grand : la grisaille au-dehors m'a repoussée, m'obligeant à refermer précipitamment. L'idée de commander un thé m'a soulagée, peut-être parce que je me sentais tranquillisée par l'espoir que ce serait le factotum-interprète qui me l'apporterait.

– Non, il n'est pas là, il ne travaille pas aujourd'hui, m'a répondu la réceptionniste blonde quand je lui ai demandé de m'envoyer le garçon.

Ce n'était pas vrai car je l'avais croisé en montant.

– Vous aurez votre thé tout de suite, l'ai-je entendue me répondre, d'une voix expéditive.

Sans me laisser le temps de protester contre ce mensonge, elle avait raccroché.

J'ai réfléchi à ce que je pourrais bien faire quand l'actrice américaine a fait une irruption joyeuse dans ma chambre.

– *Oh dear ! You are really indispensable for me, for this film*[1] *!* s'est-elle écriée.

Comme toujours, elle s'est laissée tomber sur le lit et elle m'a demandé de me rapprocher d'elle.

Je l'ai serrée contre moi, dans une étreinte qui me rassurait.

– Je n'ai pas encore pris mon bain, me suis-je plainte comme un enfant.

1. Oh, ma chère ! Tu es réellement indispensable pour moi, sur ce film !

Elle m'a proposé de le prendre avec moi, elle m'a parlé de son seul frère, plus jeune, avec qui elle avait pris son bain jusqu'à la majorité. Comme par devoir, elle m'a interrogée sur mon bras et a suggéré de le laver pour moi.

Elle a rassemblé ses magnifiques cheveux cuivrés dans une pince bleu clair et elle m'a demandé une bonne crème pour le visage, pour le cou et pour le corps. Déçue que je n'en aie aucune, elle est ressortie en chercher dans sa chambre et elle est revenue avec le scénario pour préparer, pendant notre bain, les scènes à tourner.

– Comment est le médecin ? L'assistant m'a dit que c'était un Juif. C'est vrai ? a-t-elle demandé à brûle-pourpoint.

– Oui, c'est, semble-t-il, un *nebich,* vraiment, un authentique *shlemazel*[1]. On voit tout de suite qu'il a une poisse épouvantable. Lui aussi, il a été déporté et…

– Fantastique ! Écoute-moi, c'est la scène la plus importante. Là, je commence à être méchante. On frappe. Qui ça peut être ? Tu attends quelqu'un ?

– Non, non. Sans doute le thé.

J'ai crié au garçon d'étage à travers la porte de laisser le plateau par terre.

– Tu as une peau sublime, mate, alors que je suis ridicule, trop blanche.

1. Deux mots yiddish pour désigner quelqu'un qui n'a pas de chance, comme le précise la phrase suivante.

Elle commentait ma nudité. Elle m'a ensuite expliqué que la production lui avait trouvé une masseuse très habile, très forte et pas chère, alors qu'en Amérique, où sa mère et elle en avaient une en commun, les séances de massage étaient hors de prix. Si je voyais comme sa mère était belle, et son frère, à tomber !

– Mon père n'est plus là, a-t-elle ajouté avec une moue de dégoût.

– Il est mort ? ai-je demandé.

– Oh non ! a-t-elle protesté, épouvantée. Pourquoi ? Il est vivant, vivant ! Il s'est remarié. J'ai une demi-sœur que je n'ai jamais vue, pour ne pas blesser maman.

Et, changeant aussitôt de sujet, elle s'est mise à me parler du réalisateur qu'elle trouvait génial, et de ses yeux absolument fabuleux, d'un bleu d'une incroyable luminosité.

– *You don't like him*[1] *?* m'a-t-elle interrogée, perplexe.

Sans attendre ma réponse, elle a voulu savoir s'il était vrai qu'il n'était pas marié, et s'il avait une histoire sérieuse avec quelqu'un. Elle affirmait qu'elle l'aimait énormément et moi, sachant qu'il avait carrément une répulsion physique pour elle, et qu'il évitait même de s'asseoir à ses côtés pendant la pause-repas, je l'écoutais un peu inquiète. Mais son ton était celui qu'elle adoptait pour déclarer qu'elle aimait les

1. Il ne te plaît pas ?

gâteaux ; le verbe « aimer » est d'usage courant chez les Américains.

Les idées communistes du cinéaste la perturbaient beaucoup, elle trouvait incroyable, impossible qu'un riche soit communiste. Sautant d'un sujet à l'autre, elle farfouillait entre les orteils grassouillets de ses pieds minuscules ou essayait d'écraser un bouton sur une partie de son corps qu'elle avait doux, avec des hanches plutôt larges, à la chair blanche comme gonflée au levain. J'ai remarqué qu'elle avait des bleus noirâtres un peu partout sur sa peau.

– Ce rôle me détruit, m'implique trop, me rend malade. Je le savais, mon analyste me l'a prédit, ma mère aussi le prévoyait. C'est la partie la plus difficile de ma carrière. Je souffre, je souffre vraiment.

De ses gros yeux, ont commencé à couler d'abondantes larmes qu'elle ravalait, s'en délectant, les léchant comme le font les enfants.

En la regardant, je me suis dit qu'elle souffrait gratuitement.

– Ce n'est pas pour moi que je pleure, m'a-t-elle enfin expliqué. C'est pour maman qui est seule. Mon frère joue dans une comédie à Broadway. Tu savais que mon père aussi est dans le show-business, qu'il fait de la télé ? Je ne regarde jamais ses émissions, pour ne pas blesser maman. Laisse-moi t'aider, te laver, a-t-elle ajouté, soudain joyeuse, en voyant les difficultés que j'avais à me savonner.

– Tu es bien payée pour ce film ?

– Rien que cent mille dollars, je crois. Mais j'ai accepté parce que c'est un film fantastique et que j'ai un rôle oscarisable. Je ne m'occupe pas de ce genre de choses, il faut voir avec mon agent. Tu as un agent ?

– Moi ? Comme experte des camps ? Pourquoi ?

Une rage soudaine m'a poussée à sortir de la baignoire, et j'ai prétexté que je devais me rendre à l'hôpital sur-le-champ.

Je la contraignais, avec mon emballement, à regagner sa chambre, au milieu de ses valises défaites, débordant de vêtements, de chaussures et de bas de couleur.

En bas, dans le hall, je suis tombée sur le réalisateur qui ressemblait à un chef de tribu, à une reine enceinte de son film.

– Où vas-tu ? m'a-t-il lancé, en me bloquant.

– À l'hôpital.

– Tu baises avec le toubib ?

Il a éclaté de rire, ravi de sa trouvaille.

– En effet, ai-je répliqué avec le plus grand sérieux.

Il était si désemparé qu'il s'est écarté, en me cédant aussitôt le passage.

Il me fallait sortir maintenant, mais je ne savais pas où aller à une heure aussi tardive. Vainquant ma peur, je me suis précipitée vers le parc, qu'un croissant de lune éclairait.

L'homme, peut-être un médecin, auquel je me suis adressée pour savoir s'il avait vu le docteur Davidson, secouait la tête comme s'il n'avait jamais entendu ce nom.

– Il est là, il est là, il doit être là ! ai-je insisté.

J'allais passer outre, quand j'ai cru entendre le mot « mort ».

– Le docteur Davidson ? me suis-je écriée, en me sentant vidée de mon sang.

– *Mater,* s'est-il empressé d'éclaircir.

Et à ma stupeur, il a sorti de sa poche la photo d'identité d'une paysanne au visage couronné de deux lourdes tresses.

– *Automobil Kaputt*[1] *!*

Il pleurait presque, en me montrant une autre photo d'elle, avec lui, en couleurs, au pied d'un pommier.

Je me suis excusée du regard, et je l'ai rapidement contourné pour entrer sans frapper aux urgences. Je n'allais pas mal, je n'avais pas besoin d'un médecin, alors qu'est-ce qui me poussait à retrouver cet homme maigre et malheureux ?

Je me suis souvenue d'une très belle fille qui, en 1945, après la Libération, à Bergen-Belsen, ne couchait qu'avec les mutilés et les demi-infirmes, victimes de la barbarie nazie. Je n'étais guère plus qu'une gamine et mes sœurs, quand elles parlaient de « celle-là », baissaient la voix. Un jour, je les ai entendues dire que c'était une honte pour toutes, qu'elle ne pouvait être juive. Comme j'étais la plus petite, c'est à peine si

1. Auto fichue.

j'ai osé murmurer que je la trouvais belle, qu'elle était toujours bonne et gentille avec moi, et elles m'ont riposté que j'étais dégoutante, me laissant seule et humiliée.

– Je ne suis plus de garde aux urgences.

C'est la voix du médecin qui m'a surprise, alors qu'il apparaissait à la porte.

– Je suis au deuxième étage. Vous avez des douleurs ? Tu as des douleurs ? s'est-il corrigé.

Je l'ai prié de me prescrire un somnifère plus puissant, et je lui ai demandé s'il avait eu des nouvelles sur mon incident. Et je lui ai raconté qu'un avocat s'était présenté sur le lieu de tournage.

– Qui l'a mandaté ? m'a-t-il demandé d'un air sombre et préoccupé.

– Je n'en sais rien... L'État, je crois...

– Il t'a interrogée à mon propos ?

– Pourquoi donc ? Le patron du magasin peut toujours avoir raconté des bobards par peur. Mais le journaliste qui m'a calomniée ? Que veulent-ils, tous ?

– Laisse tomber, ça vaut mieux. Ne dis rien sur moi.

– Je n'ai pas dit un seul mot, me suis-je défendue, vexée.

– Il faut faire profil bas.

Il a poursuivi en chuchotant que mieux valait oublier tout ça, que je n'aurais jamais dû faire appel à un avocat.

– Mais ce n'est pas moi qui l'ai appelé, toi non plus tu ne comprends donc pas ?

J'étais devenue agressive.

– Tu fais de la politique ? m'a-t-il demandé de plus en plus alarmé.

– Non. Je lis pour m'orienter dans le monde, pour savoir de quel côté une tuile va me tomber sur la tête, l'ai-je rassuré.

– Mieux vaut se tenir à l'écart. Pour faire de la politique, ici, chez nous, il faudrait aller contre ceux qui en font, et ça c'est impossible, tu comprends ? Est-ce que tu m'as raconté l'incident exactement comme il s'est produit ?

Il se montrait toujours méfiant.

– Tu crois que je t'ai menti ?

– J'ai demandé ça comme ça. Excuse-moi, on m'appelle.

Et, coupant court, il m'a tendu une pilule et il a filé.

Je me sentais plus troublée encore qu'avant et comme rejetée.

J'avais la gorge serrée à l'idée de devoir affronter le froid qui m'a paralysée quand je me suis retrouvée à l'entrée, où j'attendais que le médecin s'éloigne pour le suivre à travers le parc.

Au lit, attendant que le sommeil m'emporte dans un entonnoir de ténèbres, et que mes pensées s'effilochent, je n'étais plus capable de penser à autre chose qu'à l'avocat, au chef de la police ou même au médecin.

N'existaient plus que ces présences, cette histoire et

cette réalité qui m'avaient pénétrée et tourneboulaient mes entrailles, ma cervelle prise au piège par un appât obscur et fuyant.

Quand, à huit heures pile, après quatre jours, j'ai été réveillée par l'annonce que le chef de police m'attendait, je ne me suis pas mise en colère plus que ça, même si je me promettais de ne pas descendre tout de suite, quitte à improviser un bain, rien que pour le faire poireauter, mais les mots « police, loi, patron, tribunal » m'intimidaient et je me suis dépêchée de m'habiller, pour le rejoindre le plus vite possible.

Le chef de la police, toujours assis au même endroit, dès qu'il m'a aperçue, s'est précipité à ma rencontre et a tenté de me faire un baisemain. Essoufflé et rouge, le jeune factotum-interprète surgissait justement des escaliers. Quant au serveur, désormais instruit, il nous a servi du café turc.

Notre interprète s'agitait, ses yeux clignotaient, il était crispé comme s'il allait se soumettre à l'épreuve d'une course à pied. Il attendait le signal du départ de la part du fonctionnaire, qui, en tout premier lieu, voulait savoir si j'avais bien dormi ; ensuite naturellement il s'est excusé de m'avoir une fois de plus dérangée. Je l'ai aussitôt interrogé à propos de l'avocat, c'était l'événement nouveau de toute l'affaire, mais le chef ne paraissait pas y accorder la moindre importance. Il m'a signifié qu'il ne le connaissait pas et qu'il ne savait rien de lui. Cela ne le concernait pas, cela relevait de la compétence civile. Il comptait plutôt sur ma collaboration et sur ma patience : ma version ne coïncidait pas avec celle des témoins et du commerçant, malheureusement en fuite. Il fallait que je m'arme de patience et que je sois coopérative, en racontant tout une fois de plus à partir du début. Il insistait pour que l'interprète me traduise exactement chaque mot et pour que je commence l'exposition des faits, dès que j'étais entrée dans la boutique afin d'acheter mon pantalon.

Devant mon regard désolé, il a écarté les bras dans l'intention de me faire comprendre que ce n'était pas sa faute, que c'était déplaisant pour lui aussi, pour tout le monde, pour le pays, pour une société qui luttait au nom de la justice et du socialisme… Bref, il réclamait compréhension et collaboration, par amitié – ainsi disait-il –, car il était sûr de ma bonne foi, comme il fallait que je le sois de la leur.

– Il était six heures du soir, ai-je récapitulé. Et j'étais plutôt pressée d'échanger mon pantalon, quand je suis entrée dans cette boutique que je connaissais déjà.

– Non, non, plus tôt, m'a interrompue l'interprète, mais sans réussir à endiguer le flot de mes paroles qui montaient d'un ton et dont l'indignation allait croissant, dans un exposé sincère et synthétique, car je survolais bien des choses, surtout mes réactions personnelles.

– Avant qu'il ne vous agresse, a voulu savoir le flic, quels mots précis lui avez-vous criés ? Pourquoi vous êtes-vous, vous-même, mise à crier ?

J'ai prié notre jeune interprète de répondre que je ne me rappelais pas littéralement ce que j'avais dit, peut-être « espèce de cinglé » ou « ne me touchez pas », mais ce que je savais, de manière certaine, c'est que je n'avais jamais dit ce dont il m'accusait dans sa plainte. En ce qui concernait les témoins, en dehors de l'employé, de l'homme en salopette enfarinée ou poussiéreuse, du milicien à moto qui, d'après moi, devait avoir entendu mes cris sans faire un geste pour intervenir, il n'y avait eu personne d'autre.

– Ces personnes, a-t-il expliqué à son grand regret, ont toutes confirmé la version du patron. Aussi bien l'homme en salopette, un brave travailleur, que le policier de la route, qui n'a, jusque-là, jamais manqué à ses devoirs.

Mais, pour prouver qu'ils croyaient aussi à ma version, précisément parce qu'ils me savaient de bonne foi, ils me priaient de garder mon calme et de conserver ma confiance dans la justice.

Je me demandais bien comment l'on pouvait me croire et croire ce que disaient les autres, mais ma perplexité, clairement visible, ne faisait qu'accroître l'excitation du chef de la police qui gesticulait, en demandant d'un air réjoui ce que j'attendais d'eux, à la fin des fins.

– Moi ? Rien ? Sinon la vérité dans le journal, après toutes ces molestations, qui m'ont valu ce plâtre, qu'on me libère de ces médisances, de cette montagne d'idioties que l'on prétend que j'ai prononcées contre votre pays et votre système social.

Il m'a souri, d'un air toujours empreint de compréhension, et il m'a demandé, en s'excusant, de bien vouloir patienter jusqu'au retour du patron, pour obtenir des éclaircissements. Puis tout ne tarderait pas à se résoudre, conformément à mes vœux. Encore une fois, avec une courtoise complicité, il m'a conseillé de ne raconter à personne ce qui m'était arrivé, surtout pas aux gens non concernés, si je n'avais pas l'intention de leur nuire, de me nuire à moi-même ni à ma cause.

– J'ai une voiture, m'a-t-il annoncé en se levant. Je vous accompagne sur le lieu du tournage, si vous le souhaitez.

– Non, non, c'est loin, merci, me suis-je défilée, en le saluant, avant de m'empresser de quitter l'hôtel comme si j'avais su où aller.

Craignant que le chef de la police ne me voie en sortant, j'ai cherché un endroit où je lui échapperais, et, comme j'en avais envie depuis longtemps, je me suis dirigée vers l'aire de jeux. J'ai choisi la balançoire pour m'élancer dans les hauteurs, de plus en plus haut, vers le faîte des arbres du parc.

Entre les faux rails, battus par un faux vent et par une fausse pluie, le cinéaste, en équilibre sur la pointe de ses petits pieds, criait que les traverses de bois n'avaient pas été suffisamment vieillies ; l'orientation du souffle de vent n'était pas la bonne non plus. À tous, indistinctement, il reprochait de n'avoir pas d'yeux, contrairement à lui seul, et il déclarait qu'il en avait marre de devoir mille fois répéter les mêmes choses, car personne ne l'écoutait.

Vu son humeur, j'ai préféré m'arrêter un peu en arrière sans me faire remarquer. Les figurants habillés en soldats sortaient de l'atelier de couture ; à cette vue, il s'est mis à sauter en tous sens en hurlant qu'on dirait des membres de l'Armée du salut, pas des nazis !

– Déguisez-les en soldats russes ! a-t-il ordonné.

Il s'en prenait au premier venu. Je ne l'avais jamais vu aussi agressif et je ne comprenais pas ce qui avait pu se produire.

– Qu'est-ce qu'il a ? ai-je demandé à une habilleuse, à la blouse recouverte de bouts de fils et piquée d'épingles, comme ma mère le jour de la couture.

– Il s'est réveillé comme ça ! m'a-t-elle grommelé.

Et, en glissant ses mains sous ses aisselles, elle a ajouté que la plupart des figurants refuseraient de jouer les soldats russes.

– Modifiez l'orientation du vent. Il doit aller contre la pluie ! Je me fais comprendre ?

Il s'égosillait en direction des techniciens de la pluie et du vent. Il s'est retrouvé à mes côtés et m'a souri, en disant soudain que j'avais un aspect quelconque, comme n'importe quelle allumeuse. À en juger à mes cernes, j'avais dû baiser toute la nuit.

– Moi aussi, j'ai quelque chose à te dire...

Mais il a levé aussitôt les mains en l'air et il s'est bouché les oreilles en gémissant que mieux valait laisser tomber, qu'il ne voulait plus rien savoir, parce qu'il était hors de lui. Que je lui fasse plutôt le plaisir d'aller expliquer à l'actrice française comment on mourait de faim.

J'ai répondu que je n'étais pas morte de faim et que je n'irais pas voir la Française, parce qu'elle n'acceptait guère mes conseils, et que, le plus souvent, elle me regardait d'un sale œil si je me hasardais à lui parler sans qu'elle ne me l'ait demandé.

– Les acteurs sont tous des cabots, même les meilleurs. Ce sont des animaux qui saisissent, captent, mais ne comprennent pas, il faut tout leur expliquer comme aux enfants. Ils sont affligés de cécité mentale !

Il a éclaté de rire, retrouvant déjà sa bonne humeur.

– Ce matin encore le chef de la police régionale est revenu, ai-je lancé, le pensant plus disponible.

– Va retrouver la Française. Va, on tourne bientôt, ne pense plus à ça pour l'instant.

Soudain, comme rapetissée, je me suis dirigée en silence vers la baraque où se trouvait la loge de l'actrice française, toujours triste et si sérieuse. Elle donnait l'impression d'être quelqu'un qui souffre d'une grave maladie qui l'aurait pour ainsi dire éteinte : ses yeux pleuraient de l'intérieur, décourageant les curieux. Comme je m'y attendais, elle n'avait nul besoin de moi, car elle savait exactement ce qu'elle devait faire ; avant d'interpréter son rôle elle avait étudié et vu des documentaires sur le sujet. Contrairement à l'actrice américaine qui m'interrogeait même sur l'inconscient collectif des prisonnières, la Française m'évitait comme si elle voulait m'épargner l'obligation de me souvenir.

Au début, je l'avais pensée juive, mais tout le monde m'affirmait qu'il n'en était rien. Si l'un d'entre nous ou de notre entourage était juif, on le savait immédiatement, il y en avait toujours un qui, pour caractériser ou définir une personne, précisait qu'elle était juive.

– Si vous voulez vous asseoir, ici il fait chaud. Comment va votre main ? m'a-t-elle murmuré, plongée dans une lecture.

Elle était assise sur un trépied marqueté, de ceux qu'on utilise pour traire les vaches. Elle l'avait acheté à une paysanne trop heureuse de le vendre, stupéfaite que ce genre de choses puisse nous plaire, vieilles, sales, qui puaient l'étable.

La troupe traquait des objets et de vieux meubles et la population locale s'en débarrassait volontiers pour quelques dollars ou contre des vêtements en nylon, des briquets à gaz ou des transistors. Les jeans, qui n'avaient pas encore envahi l'Italie, étaient très recherchés, mais rares étaient ceux qui en possédaient parmi nous et ils ne s'en défaisaient pas volontiers.

– Vous avez vu mon superbe trépied ? a-t-elle demandé avec un semblant de sourire, en m'indiquant le petit tabouret au bois épais et luisant. Vous avez trouvé quelque chose d'intéressant ?

– J'ai acheté des choses comme ça... quelques mouchoirs, de la flanelle, des tricots en flanelle.

– Combien de temps devez-vous encore rester ?

Elle s'était levée pour me rejoindre sur le seuil, où j'étais restée comme une mendiante.

– Plus que deux semaines à peine, heureusement, ai-je répondu, en sortant avec elle.

Nous nous sommes dirigées vers la lisière du bois où le cinéaste donnait ses dernières instructions à ses collaborateurs.

– Excusez-moi, a-t-elle murmuré.

Elle m'a laissée près du cinéaste et elle a rejoint le premier rang d'un commando de prisonnières prêtes à transporter des traverses vers la fausse voie ferrée qui devait être battue par la pluie contre le vent.

Au premier clap, après quelques pas avec ce poids sur ses épaules fragiles, l'actrice française est tombée maladroitement par terre. Le cinéaste hurlait avec enthousiasme de continuer, de se relever et en avant ! Récupérant à quatre pattes la poutre dans la boue, l'actrice avançait avec difficulté, de plus en plus vacillante et douloureuse, jusqu'à ce qu'elle retombe et se laisse piétiner, dépasser par les autres filles, qui recevaient de la part des Allemands armés l'ordre de poursuivre.

– Bravo ! Bravo ! a hurlé le réalisateur en coupant.

Il est accouru vers l'actrice française qui gisait sans connaissance dans la boue.

Laissant derrière elle des bouffées de parfum au muguet, l'actrice américaine est arrivée à bout de souffle pour voir comment allait sa collègue si remarquable qu'elle s'était évanouie pour de vrai. Elle m'a tapotée sur l'épaule, pour que je la suive dans sa loge, où elle voulait étudier dans le détail sa prochaine scène où elle verrait son père mourant de l'autre côté des fers barbelés.

Je n'avais pas le courage d'enchaîner immédiatement et je lui ai demandé d'attendre un peu.

– Non, non, viens tout de suite !

Elle m'entraînait, les yeux exorbités, dans sa loge surchauffée.

– *You know what I mean*[1] *?* me harcelait-elle, en faisant les cent pas.

1. Tu comprends ce que je veux dire ?

Je lui ai murmuré une vague réponse de mauvaise grâce. Je me sentais mal, comme une femme qui braderait, banaliserait, galvauderait sa propre expérience de souffrance.

– Que t'arrive-t-il ? Ta main te fait mal ? m'a-t-elle demandé en devinant mon malaise.

Je lui ai répondu que oui, que ce plâtre m'agaçait.

– *My father ! My father*[1] *!* a-t-elle commencé à jouer devant le miroir. *My father ! My father !* répétait-elle en serrant ses petits poings pour accentuer ses cris.

Elle s'est retournée vers moi et m'a dit que c'était la scène la plus fantastique, la plus dramatique de tout le film. Elle voulait savoir dans les moindres détails comment cela se serait produit dans la réalité.

Son coiffeur et son maquilleur personnels sont entrés dans la loge.

Elle leur a tendu une main pour se faire retoucher les engelures et la tête pour qu'on recolle son faux crâne rasé. Elle se mettait à leur disposition, avec une docilité mécanique, sans cesser de jouer devant le miroir.

Elle se laissait tirailler de tous les côtés, comme si ses membres ne lui avaient pas appartenu, elle remerciait le coiffeur au moindre cheveu déplacé, au moindre coup de ciseaux que l'homme infligeait soudain sur son crâne comme s'il l'avait épouillée.

Au-dehors, on voyait par la fenêtre le réalisateur qui scrutait le ciel bas et compact. Un groupe de prisonnières

1. Mon père ! Mon père !

politiques était déjà prêt à défiler sous ses yeux qui s'enflammèrent d'un éclair de triomphe, à la vue du triangle rouge cousu bien en évidence sur leurs haillons.

– Je voudrais m'en aller. Je peux ? ai-je demandé à l'actrice, interrompant ses *My father !* répétés à l'infini, sans la moindre émotion.

– *Shit, shit !* a-t-elle lâché, énervée, en me laissant partir.

– Je crois que je vais rentrer à l'hôtel, ai-je averti le réalisateur.

– *Jawohl*[1] *!* a-t-il plaisanté. Tu es libre. Pourquoi veux-tu t'en aller ? Où vas-tu ?

Il chargeait sa voix de sous-entendus, mais déjà il s'occupait d'autre chose en protestant, parce qu'il s'était aperçu qu'une figurante, parmi les plus maigres, au lieu de rester au premier rang se cachait. Se mêlant aux filles, il s'est mis à les sélectionner, en les déplaçant et même en en écartant certaines. Le chauffeur, quand je lui ai demandé de me ramener au Park Hotel, a secoué la tête, comme pour me faire comprendre que c'était impossible, car on travaillait et il n'avait reçu aucun ordre de la production dans ce sens.

– La police m'attend, ai-je menti.

Il a éteint sa cigarette, il a coupé la radio, et il m'a ouvert la portière.

Dans le hall plein d'une foule de chasseurs armés et puant l'alcool, il y avait un grand tohu-bohu. Je me

1. Évidemment !

suis frayé un chemin dans cette bousculade jusqu'à la réception, quand entre deux fusils j'ai vu apparaître une masse de cheveux bouclés.

– David ! ai-je appelé. David ! ai-je répété plus doucement. Que fais-tu ici ? Que s'est-il passé ?

Sa présence était surprenante. Sa tête, captive entre deux fusils en bandoulière, me faisait signe qu'il ne s'était rien produit de grave.

Au milieu de cette cohue d'homme en vestes rembourrées couleur kaki, David avançait péniblement et de temps à autre je le perdais de vue.

– *Achtung bitte*[1] *!* ai-je laissé échapper, en me faufilant vers David qui se débattait.

Quand je suis parvenue à le rejoindre, je l'ai embrassé.

– Que fais-tu ici ? Je voulais justement te téléphoner, te parler, lui ai-je dis en étreignant encore son manteau gris énorme. Aujourd'hui j'ai quitté le tournage, je n'en pouvais plus.

Il était en train de me dire quelque chose que je n'ai pas entendu, à cause d'un éclat de rire bruyant des chasseurs autour de nous. Il a reculé pour se dégager de mon étreinte et il a heurté un canard sauvage qui pendait d'une gibecière.

– *Entschuldigung bitte*[2], répétait-il agacé par ce gibier sanglant.

– La police ? ai-je demandé.

1. Attention, s'il vous plaît.
2. Je vous demande pardon.

– Ma femme est ici, m'a-t-il expliqué en articulant avec difficulté, comme s'il devait accoucher de ces mots.

Il m'a indiqué du regard une silhouette dans la pénombre, près de l'ascenseur. À première vue, j'ai remarqué qu'elle avait une ombre de moustache, un visage carré, les cheveux tirés et rassemblés en un chignon serré.

– Elle a voulu venir, s'est-il justifié. Elle a voulu attendre que tu reviennes du tournage. Je lui ai raconté ton incident. Elle dit que ce commerçant est du même village qu'elle. Ma femme vient de la montagne, c'est une personne très simple…

Je lui ai fait signe de se dépêcher de s'asseoir, parce que les quelques tables de libres étaient prises d'assaut. Nous avons réussi à en prendre une pour trois.

J'ai essayé de dire à la femme de David que j'étais contente de la connaître. Mais son expression crispée ne se détendait pas.

– Tu peux demander à ta femme comment s'appelle ce commerçant ? Qu'est-ce que vous prendrez ?

– Elle, rien, rien, s'est hâté de répondre David.

Sa femme a préféré ne pas donner le nom du commerçant originaire de son village, mais elle me mettait en garde parce qu'il avait un frère très puissant, médaille d'or de la Résistance.

– S'il vous plaît, garçon, garçon ! Trois thés et des biscuits, je vous prie, ai-je crié à l'intention du serveur qui passait, de dos, tenant en l'air, par-dessus la tête des clients, son plateau.

David a tenté une timide protestation, puis il s'est tu de nouveau, la tête baissée. De temps à autre, nous échangions, elle et moi, un regard, et en souriant je l'incitais à parler.

– Alors, que se passe-t-il ? ai-je demandé à David pour détendre l'atmosphère et rompre le silence.

– Ma femme n'a rien d'autre à dire, on s'en va.

– Et le thé ? Le superflic est réapparu, tu te rappelles ? J'ai dû tout lui raconter à partir du début. Il m'a assuré que dans quelques jours, enfin, l'affaire serait classée. Si j'avais su que les choses devaient tourner ainsi, je t'aurais dit de ne pas porter plainte.

– Je l'aurais fait quand même. Il t'a demandé si on s'était revus ?

– Regarde ! Il neige, il neige ! C'est la première fois qu'il neige depuis mon arrivée. Que c'est beau !

– Il neige déjà ? En octobre ? a murmuré David.

Sa femme ne comprenait pas de quoi on parlait. À travers la baie vitrée, j'ai vu apparaître le réalisateur, au milieu des flocons, discutant vivement avec le producteur.

– Ils reviennent eux aussi, à cause de la neige, ai-je dit à David, qui était obligé d'attendre le thé qui n'arrivait pas.

En entrant dans le hall, le réalisateur a embrassé du regard l'assemblée, comme s'il cherchait toujours quelque chose, quelqu'un à se mettre sous la dent. Quand il a découvert notre table, son visage s'est éclairé et il a indiqué du doigt le médecin.

– Seigneur Dieu, quel visage ! Il est parfait, c'est lui, c'est notre médecin du camp ! s'est-il écrié si fort que tous les clients se sont tournés vers lui.

– C'est le réalisateur du film, ai-je expliqué à David avant qu'il ne nous rejoigne.

Il avait les yeux fixés sur le médecin qui se recroquevillait sous son grand manteau dont n'émergeait que sa tête sans cou.

– Tu es le médecin du camp !

Et il m'a demandé de proposer à « ce type » d'interpréter le rôle vacant.

– Il dit que tu es le médecin du camp, ai-je traduit à David.

– Mais lui, où a-t-il été déporté ? m'a-t-il demandé en fixant le réalisateur.

– Bah, peut-être était-ce en Suisse. Mais qu'est-ce que tu as ? N'aie pas peur, il ne va pas te manger. C'est un communiste juif. Il est doué, mais plein de doutes. Il veut que tu fasses partie du film qu'on est en train de tourner. Dans le rôle du médecin, justement, du médecin du camp... Désolée, je vais lui dire tout de suite non.

David s'était raidi comme paralysé. Le réalisateur a fait courir son doigt tout autour du visage squelettique du médecin.

– J'ai un de ces culs décidément ! s'est-il exclamé avant de retirer brusquement sa main.

– C'est le médecin qui a plâtré ma main. De toute façon, il refuse.

– Tu n'en sais fichtre rien ! a-t-il protesté agressivement. Demande-le-lui !

– Tu n'as pas compris ? ai-je riposté.

J'ai regardé David qui s'était levé soudain et prenait déjà la fuite, avec sa femme à sa suite, ne comprenant pas ce qui se passait.

– Vous êtes fous ! m'a hurlé le réalisateur, entendant là les déportés.

– Tu es une merde ! ai-je répliqué sur le même ton. Ton film te rend sourd et aveugle, face à toute autre valeur. L'humanité entière pourrait disparaître et le monde exploser. Tu en es devenu stupide, ai-je conclu, désespérée.

– Je ne suis pas surpris qu'on t'ait agressée, a-t-il ricané, en plissant ses yeux dont le bleu devenait d'acier. Je veux ce visage ! a-t-il mâchonné, en transformant son regard en arme d'hypnotiseur. Il a bel et bien été médecin dans un camp, a-t-il décrété en ouvrant de nouveau les yeux, comme soulagé.

– Tu plaisantes ou quoi ? Autant dire qu'il a été Kapo, tu le sais, non ? Ne serait-ce que par ton film. Ta proposition ne risque pas de l'avoir réjoui.

– ... Insiste ! Rends-moi ce service, tu pourras le convaincre. Demande-lui de m'accorder trois jours, rien que trois.

Voulant me débarrasser de lui, je me suis éloignée en direction de la sortie.

Au-dehors, le froid était clément, les flocons de neige descendaient en voletant dans l'air, ivres, avant de tomber et de rester accrochés aux branches des arbres ou de fondre dans les flaques jaunâtres du sol argileux du parc. On aurait dit qu'il neigeait pour de rire, les faux flocons malgré tout animés se heurtaient comme pour jouer entre eux en l'air en se poursuivant sans tomber sur l'herbe et les feuilles engluées dans la boue. Marchant sans but précis, je me suis soudain sentie envahie d'un bonheur total, sans poids. Pendant un moment, bref ou long peu importe, je ne faisais qu'un avec le monde dont je n'avais pourtant qu'une vague sensation. Il m'était déjà arrivé d'autres fois d'être heureuse de cette manière, d'un seul coup, comme foudroyée par un bien-être aussi magnifique, dont je ne prenais conscience qu'en toute fin, quand je le perdais. J'ai essayé de le récupérer en poursuivant les flocons qui mouraient au creux de mes paumes. Je me suis aperçue que je me trouvais à l'entrée de l'hôpital où j'ai vu, fixé au sol, le décrottoir métallique permettant d'enlever la boue de la semelle des bottes. Je m'y suis employée, ravie, comme si cette gadoue était la preuve de mon bonheur passé.

Puisque je me trouvais là, autant entrer. Il y avait un mot facile à déchiffrer griffonné sur un papier collé à la porte du médecin. Le docteur Davidson se trouvait au deuxième étage. Je me suis précipitée vers l'escalier et j'ai découvert, en arrivant à l'étage du dessus, ce qui me semblait être une bâche noire qui bouchait le couloir, mais j'ai compris que ce n'était qu'une file de femmes.

Elles avaient en main leur ordonnance et gardaient un visage fermé ; en m'approchant, j'ai noté leurs regards fixés sur mes bottes encore boueuses. J'aurais voulu les contourner pour les devancer, mais leurs yeux m'ont sommée de rester en bout de queue.

Comment avertir le médecin de ma présence ? Faute de partager leur langue, je ne pouvais rien leur expliquer et de toute façon ma main plâtrée aurait suscité leur méfiance.

Découragée par cette foule, je tendais constamment le cou, dans l'espoir que David me reconnaisse.

Les femmes, devinant mon intention, riaient, en me faisant comprendre que le petit toubib ne lèverait jamais le regard vers moi.

Une d'elles s'était mise à imiter les gestes automatiques de David, une autre son regard de chien battu, une troisième mon agitation.

Certaines, prises de fou rire, finirent par attirer son attention sur moi.

– *Ciao, ciao !*

Je gesticulais pour qu'il remarque que j'attendais impatiemment, mais qu'il pouvait poursuivre ses consultations.

– Je suis occupé, s'est-il excusé avec gêne.

– Tu as filé sans me dire au revoir, tout comme ta femme… peut-on savoir pourquoi ? Le cinéaste n'avait pas l'intention de te vexer.

Tout à coup, il s'est levé. Il a dit quelque chose aux femmes qui faisaient la queue et s'est avancé vers moi, pour me pousser doucement vers l'escalier que nous avons descendu.

– Sérieusement, tu ne dois pas trop en vouloir au réalisateur pour sa proposition. Les gens de cinéma ne voient rien en dehors du film qu'ils sont en train de tourner.

– Mais qu'est-ce qui peut bien t'intéresser en moi ?

Il accompagnait sa question d'une expression empreinte de mépris de soi.

– On ne sait jamais...

Je souriais dans un mélange de fatalisme et de compassion.

– Comment as-tu fait, toi, pour survivre au camp ? On n'en a jamais parlé.

– Et toi-même ? a-t-il demandé, ses joues s'empourprant imperceptiblement.

– J'étais si petite, je rêvais, je croyais que la vie était, je ne sais pas, plus accueillante, plus juste aussi.

Je lui ai pris la main, qu'il avait ballante, et je l'ai guidé vers un des bancs verts disséminés dans le parc.

– Ne le suce pas, crache-le ! s'est-il écrié quand il a compris que j'allais avaler un glaçon que je venais de ramasser dans une flaque gelée du terrain herbeux, déjà hivernal.

– Viens, assieds-toi, rien qu'une minute.

Je tenais sa main froide dans la mienne, où, à cause de la chaleur, le glaçon fondait.

– Tu as un mouchoir ?

– Que me veux-tu ? s'est-il rebiffé en retirant vivement sa main. Tu as quelque chose à me dire ? Il faut que j'y aille.

– Tu vois là-bas ? lui ai-je demandé en le retenant. Tout à l'heure, en venant te voir, je me promenais et je me sentais incroyablement heureuse.

– Cet endroit est moche… à l'abandon, m'a-t-il fait remarquer.

– Mais ça n'a duré qu'un instant, parce que, depuis l'incident, je me sens mal ici.

– Pas moi. J'ai mon travail ici, c'est mon foyer, mon pays.

– Mais qui dit que tu dois en partir ?

Je ne comprenais pas son soudain ressentiment, et c'est presque un cri qui m'a échappé quand je l'ai entendu me repousser. En me relevant précipitamment, j'ai saisi sa main qui m'a fait une telle impression de fragilité que j'ai pris aussi l'autre, en les joignant, les réchauffant, les enfermant entre les miennes.

– Comment pouvais-tu peser encore moins que maintenant ? ai-je demandé, attendrie par sa maigreur extrême.

Il a reculé brusquement. Il trépignait sans un regard, sans un mot vers moi. Il fixait ses chaussures en piètre état, dont l'une était toujours délacée.

– Qu'as-tu ? Pourquoi es-tu comme ça ?

Je m'adressais plus à moi-même qu'à lui qui, déjà, s'éloignait sans me saluer.

Je me suis promis de ne reprendre contact avec lui qu'en cas de besoin urgent, mais je ne cessais de penser à lui et chaque fois que je rentrais à l'hôtel j'étais tentée de lui téléphoner.

Quand le téléphone a brusquement sonné, je me suis levée du lit avant même de répondre. C'était ma manière habituelle de réagir au réveil cruel du matin.

À coups de gestes désordonnés et rageurs, je me suis habillée en hâte et je me suis précipitée vers l'ascenseur où se trouvait un des chasseurs les plus jeunes, aux pommettes roses et couvertes de taches de rousseur.

– *Guten Morgen*[1] *!* m'a-t-il lancé avec un large sourire.

Je l'ai salué à mon tour et me suis retournée instinctivement vers le miroir.

– *Schön, ja schön. Arbeit ? Kino ?* m'a-t-il demandé en tentant de communiquer avec moi. *Name ? Ich Oscar, du ? Lilli... Erika... Marta*[2] *?*

Une fois au rez-de-chaussée, je me suis éloignée en feignant de n'avoir rien compris.

1. Bonjour

2. Bien, oui bien. Travail ? Cinéma ? Nom ? Moi Oscar, toi ? Lilli... Erika... Marta ?

– Madame...

C'était le chef de la police qui venait vers moi, en se disposant à me faire un baisemain. Il était suivi du factotum.

– Alors ? Des nouvelles ?

Le policier a écarté les bras dans un geste d'impuissance et il a demandé au garçon de traduire ce qu'il voulait me dire : le magasin était toujours fermé et son patron ne s'était plus manifesté.

– Ce n'est pas vrai, ai-je répliqué en le dévisageant. La boutique est ouverte, le commerçant est revenu. Dis-le-lui. C'est un menteur.

L'interprète à qui je m'adressais a rougi, le souffle coupé.

– Toi, tu n'as rien à voir là-dedans. Ne t'inquiète pas.

– Vos allégations n'ont aucun fondement, a répondu avec un calme calculé le chef de la police. Personne ne sait où est le patron. Vous avez dû être mal informée.

– Il se trouve dans son magasin. Je l'ai vu de mes propres yeux, en allant sur le tournage. Je l'ai reconnu.

– Je suis ici pour savoir laquelle de nos juridictions vous choisissez. Nous en avons trois : procès politique, procès civil et jugement de l'administration militaire régionale.

– Je sais, mon avocat me l'a déjà dit.

– Je ne connais pas l'avocat, dites-moi ce que vous, vous voulez.

– Je ne sais pas laquelle de vos juridictions est la plus juste. Je veux ma justice, il me suffit qu'on rétablisse la vérité, un point c'est tout.

– Nous sommes pleins de bonne volonté, Madame, mais vous ne semblez pas avoir confiance en notre justice, n'est-ce pas ?

– Je n'ai rien à demander au commerçant, je ne réclame même pas qu'il soit mis en prison ; je n'accepte pas d'indemnité, je l'ai déjà dit, l'unique justice est de rétablir la vérité sur l'incident. Je refuse le procès, à quoi servirait-il ?

Le chef de la police, en se penchant vers le garçon, a prononcé successivement une courte phrase et une autre très longue.

L'interprète, de plus en plus rouge et tourmenté, a eu du mal à m'expliquer qu'un procès politique aurait été long et risquait de se conclure par une peine de plusieurs années de prison pour le commerçant.

Le procès civil, cela signifiait de l'argent pour moi. Quant à la sentence de la juridiction communale, elle prévoyait trois punitions en une : un maximum de vingt jours de réclusion pour le commerçant, avec la perte de son travail et son renvoi dans le hameau de montagne d'où il venait.

– Non, non, je ne veux qu'un droit de réponse qui rétablisse la vérité dans le journal, compris ?

Le chef de la police promettait l'article, mais, dans un deuxième temps, une fois que j'aurais choisi une des trois juridictions. Quand je lui ai proposé de classer l'affaire, de laisser tomber la poursuite, il a perdu patience, en prétendant qu'il ne pouvait plus arrêter la marche de la justice et que je devais lui donner une réponse, car il était venu pour cela.

J'ai répété une fois de plus que je ne réclamais qu'un démenti des accusations proférées contre moi. Je me moquais du reste, dans la mesure où j'allais repartir bientôt et que je n'avais aucune envie de faire perdre son emploi à cet homme.

– Vous êtes impossible ! a lancé, découragé, le chef de la police, en se levant avec une détermination soudaine.

– Alors ? ai-je demandé en serrant fermement la main qu'il me tendait.

Il a longtemps retenu la mienne, dans une sorte de complicité ténébreuse, puis il a baissé les yeux en me saluant :

– *Ciao, signora.*

Plus tard, alors que je devais passer inévitablement devant le magasin sur la place principale, je n'ai pas pu m'empêcher de jeter un coup d'œil vers la porte vitrée derrière laquelle tout continuait comme si de rien n'était. Le patron était assis derrière la caisse monumentale et son employé, probablement, devait se trouver derrière le comptoir de droite qui n'était pas visible de la rue.

Il me semblait impossible que le chef de la police ne fût pas au courant de leur présence, car ils étaient bien là, tranquillement. Le patron, je l'avais déjà entrevu la veille. Il était en train de fumer et de rire avec quelqu'un qui, de dos, ressemblait à l'homme en salopette qui lui avait donné un coup de main pour m'expulser du magasin.

J'ai dit au chauffeur d'accélérer ; mon seul désir était de passer sans être vue. Je ne voulais plus voir mes agresseurs, ni le chef de la police, ni l'avocat, ni la population locale, je préférais éviter leurs regards.

La honte de ma présence, comme de ma main plâtrée, était devenue intolérable et je ne faisais que m'isoler, comme si j'étais assignée à résidence dans un environnement hostile.

Je comptais les quelques nuits et les quelques jours qui me séparaient de mon départ et je prenais mes repas dans ma chambre d'hôtel. Sur le tournage, au lieu de me rendre utile, de rester près du réalisateur ou des actrices qui tenaient les premiers rôles, je m'égarais entre les baraquements et je faisais semblant de ne pas entendre quand on me demandait.

Parfois, le cinéaste s'approchait de moi dans mon dos en criant :

– *Achtung !*

Alors, folle de rage, je l'insultais. Je n'avais qu'un seul désir, qu'il me laisse partir. Il répondait en riant que je devais rester parce que le commandant du camp, c'était lui et il pouvait avoir besoin de moi à n'importe quel moment.

– Nous avons tourné la scène de la pomme de terre sans tes précieux conseils, ironisait-il. L'Américaine avait besoin de toi et te réclame. Elle a été saisie d'une crise d'hystérie juive, elle s'est réfugiée dans sa loge, va la calmer. Et dépêche-toi. Dis-lui de ne pas déconner. Rappelle-lui que la réalité est bien différente.

Déchirée et dans tous ses états, l'actrice, entourée de son assistante, de son maquilleur et de son habilleuse, parlait à un miroir, comme dans les contes, en disant qu'elle n'en pouvait plus ; qu'elle souffrait vraiment, qu'elle devenait folle, qu'elle avait froid et faim, qu'elle voulait mourir, rentrer chez elle, aux États-Unis, chez sa mère, chez son frère… et que ce film la torturait, la minait à l'intérieur et à l'extérieur.

– Oh toi, comment faisais-tu, comment faisais-tu ? a-t-elle demandé, en me voyant apparaître à la porte. Je vais partir, tout laisser en plan, je me fiche de ma carrière, et même des Oscars, je ne vais pas mourir pour un film. Dis-moi quelque chose, allez, ne me regarde pas comme ça.

Son ton ne cessait de monter, elle était interrompue par ses sanglots et par sa stupeur à ma vue, tout en se laissant masser, réchauffer, essuyer le visage où ses larmes faisaient couler son rimmel.

Je me trouvais face à elle, sans pouvoir ouvrir la bouche, sans même tendre une main consolatrice.

Il m'était plus facile de lui montrer comment mangeait un crève-la-faim ou comment se comportait une fille qui, derrière le fil barbelé, reconnaît son propre père dans un fantôme rampant et balbutiant aux yeux de fou.

– *Oh, you kill me*[1] *!* m'a-t-elle riposté, hors d'elle.

– Non, non, crois-moi. Si tu savais, je pense à tant de choses en même temps.

À vrai dire, je pensais en moi-même plus que je ne lui parlais.

1. Oh, tu me tues !

– La réalité était... horrible. Quelque chose qui écrasait l'âme et le corps. Chaque jour était fait de terreur. Et la nuit était noire, tu sais, si noire et pleine de cauchemars éveillés, à devenir folle ! Folle sans perdre la raison, et même plutôt, en raisonnant, en pensant, quand les autres prisonnières dormaient, mouraient, gémissaient ou volaient et se disputaient. Je pensais même à la Bible... aux livres d'école... aux récits de guerre des vieux, et à tant de peuples asservis et affamés, torturés à travers le monde.

– *Oh, shut up*[1] *!* Je ne veux pas entendre toutes ces choses-là ! (Elle se bouchait les oreilles.) Pourquoi ? Pourquoi me dis-tu tout ça ?

Elle levait les yeux, contrariée.

– Je ne sais pas, je ne sais rien de mieux, ça ne me vient pas. Ces nuits-là me reviennent en mémoire, aujourd'hui encore, même dans mes nuits les plus lumineuses.

– Tu fais de mauvais rêves ? As-tu essayé d'exorciser, de guérir ce trauma ?

Elle semblait soudain s'y intéresser.

– Non. Ce n'est pas une maladie, c'était une réalité, la vie.

– Ma mère est d'origine russe, elle aussi, elle a souffert. Son père était compositeur. C'est peut-être pour cela que j'aime la musique. J'ai bien joué du piano,

1. Ferme-la !

dans les premières scènes, quand je suis à la maison ? On voyait que je ne suis plus toute jeune ? Toi, tu as quel âge ? Tes yeux ont une telle maturité et tu as une bouche de petite fille. Vraiment. Même tes dents. Moi aussi, j'ai des yeux juifs, et ça vieillit, non ? Tu as vu mon film *Darkness*[1] ? En italien, on l'a appelé *Nel buio*[2], oh les Italiens sont toujours vulgaires, obsédés sexuels, non ? Notre réalisateur aussi, mais il est tellement génial, il est juif ! Même s'il se fait passer pour communiste.

Quand on m'a appelée (« Madame ! »), j'ai été parcourue d'une sensation de soulagement, parce que je ne parvenais plus à écouter l'actrice américaine et que je n'aurais pas su quoi lui répondre.

J'ai reconnu la silhouette de l'avocat, qui se tenait dans l'encadrement de la porte, revêtu de son manteau en poil de chameau, avec son chapeau sombre sur sa tête un peu penchée en avant.

Je lui ai chaleureusement serré la main, comme si je l'avais connu depuis toujours.

– Quelles nouvelles ?

C'était comme si je lui en demandais de sa famille, de quelque chose qui le concernait plus que moi.

– Alors, vous avez réfléchi ?

Il avait une voix triomphante. Pour la première fois, il me regardait droit dans les yeux.

1. *Ténèbres.*
2. *Dans le noir.*

– Réfléchi à quoi ? ai-je demandé d'un cœur léger, car bientôt je serais partie et tout serait fini. Plus que deux jours et je file, l'ai-je informé.

Il a de nouveau baissé le regard et, sur un ton désolé, il m'a dit que nous ne nous étions pas compris, que je devais profiter de l'occasion et ne pas jouer contre mes intérêts. Avec une pointe d'ironie, il m'a demandé si j'étais vraiment assez riche pour dédaigner deux millions. Il m'a exhortée à réfléchir sérieusement et à réclamer ce qu'il était possible d'obtenir, et tout de suite.

Il a desserré son nœud de cravate rouge, en tissu synthétique un peu brillant, et a penché encore plus la tête. Il a fixé des yeux ses souliers au bout mouillé et boueux. Et sur un ton monocorde, il continuait à répéter qu'il ne comprenait pas pourquoi j'étais obsédée par un articulet d'un canard de province que ne lirait qu'une infime minorité d'une infime minorité.

– Le nombre des lecteurs importe peu, il suffit d'un, moi-même.

– Vous êtes vraiment étrange ! Je ne suis pas un salaud, vous savez, et je ne vous comprends pas. Vous êtes très intelligente, mais vous ne devez pas avoir eu une vie facile. Réfléchissez encore et demain donnez-moi votre réponse. Au revoir.

Il a renfoncé la tête dans le col de son manteau et s'en est allé déçu, oubliant de me tendre la main.

J'ai été réveillée par des cris déchirants accompagnés de gémissements, qui provenaient d'une chambre de mon étage. Mon cœur s'emballait quand j'ai regardé ma montre, il n'était que minuit, je venais à peine de m'endormir à l'aide d'un somnifère.

Quand je suis sortie, le couloir avait l'air silencieux et désert. J'allais rentrer dans ma chambre, quand au bout du couloir qui en croisait un autre, j'ai vu déboucher un chasseur ébouriffé, puis un deuxième et un troisième. Un de ces guerriers en pyjama qui avaient quand même gardé leur fusil en bandoulière. Ils avançaient précautionneusement comme dans une battue en terrain découvert, mais je sentais leurs regards tournés vers moi et instinctivement j'ai remonté le col de ma chemise de nuit. Leurs cris et leurs gémissements continuaient réveillant tout l'étage. Le réalisateur lui aussi, dans son peignoir de laine écossaise, a ouvert la porte de sa chambre. Et l'actrice américaine également, toute en rose, comme une dragée parfumée avec des œillères noires remontées sur son front.

– *Police ! Police ! Call the police*[1] *!* glapissait-elle surexcitée.

Quelques-uns, plus réveillés, avaient déjà localisé la chambre d'où provenaient les geignements, il y eut une vive discussion entre les plus hésitants et ceux qui étaient prêts à défoncer la porte, jusqu'au moment où l'actrice française est apparue dans un kimono brodé, et a révélé à tout le monde, avec un sourire ironique, qu'il s'agissait de cris d'amour. Les éclats de rire tonitruants qui se sont ensuivis ont fait cesser sur-le-champ les couinements pendant que les commentaires allaient bon train dans toutes les langues.

L'actrice américaine n'avait plus sommeil et cherchait à qui se confier des expériences dramatiques endurées dans la journée sur le set. Dans le film, elle n'était déportée que depuis quelques mois : est-ce que cela suffisait à transformer une héroïne pathétique en bête féroce ? Ce n'était pas une question négligeable, surtout à cette heure-là et après une journée de travail épuisant, passée dans la boue et un froid glacial. Elle m'avait lancé un coup d'œil et naturellement elle voulait que je lui explique ce qui pousse quelqu'un à devenir méchant d'un jour à l'autre et jusqu'à quel point une réalité, fût-elle la plus cruelle, pouvait écraser une conscience et transformer un être humain doté de charité naturelle en quelque chose d'abject…

1. Police ! Police ! Appelez la police !

– Demain, demain, disais-je en tentant de me dégager de son étreinte.

– Dis-moi, peut-on être naturellement méchant ?

– Tu veux dire que seul celui qui a la bête en soi peut devenir une bête sauvage ? Ça se peut, ça se peut, ai-je insinué, non sans perfidie.

Je lui ai claqué la porte au nez, en l'abandonnant à ce doute atroce.

Le sommeil avait disparu et mon lit n'était plus un havre pour moi. Je suis allée ouvrir la fenêtre. Au-delà du parc plongé dans le noir, j'ai entrevu, à travers les arbres, la lumière de l'entrée de l'hôpital et une ou deux fenêtres encore éclairées. Quelques personnes veillaient.

J'ai contrôlé une fois de plus ma montre. Quelques minutes seulement s'étaient écoulées depuis que ces cris d'amour avaient mis tout l'hôtel sens dessus dessous. Au lieu de m'allonger et d'essayer de me reposer, j'ai enfilé ma robe et mon manteau, prête à sortir.

David, en me voyant arriver avec ma chemise de nuit qui dépassait sous le pan de ma jupe comme une tache blanche sur mes bottes noires en caoutchouc, m'a demandé si je me sentais mal.

– Je ne sais pas ce que j'ai, rien, je voulais te voir.

– Mais il est minuit passé !

– De toute façon, tu es là… Je ne tenais pas en place dans ma chambre.

Il s'est mis à faire les cent pas entre le lavabo et le lit défait.

– L'avocat est revenu aujourd'hui, il m'a offert deux millions, c'est beaucoup ?

– Deux millions ? a-t-il répété en ralentissant à peine ses pas. La moitié du prix d'une voiture, c'est énorme pour nous, pour toi je ne sais pas…

– Le chef de la police est également passé. C'est un menteur. Le commerçant qui m'a molestée, je l'ai vu dans sa boutique, de mes propres yeux, et le flic persiste à me dire qu'il n'est pas là, qu'il n'est pas réapparu. Je pense que ce sont des cinglés !

– Ils sont au courant pour nous ? s'est-il inquiété.

– Au courant de quoi ? On n'a pas le droit d'être amis ? L'amitié aussi est interdite ? Si tu préfères, je m'en vais.

– Non, non...

– Alors pourquoi tu es aussi nerveux et préoccupé ? Tu es malheureux à ce point ? C'est en revenant de « là-bas » que tu es devenu comme ça, ou bien tu l'étais déjà ? Moi, je dis toujours « avant » et « après », toi aussi ? Je vais presque bien, sinon que parfois je suis paniquée à l'idée de mourir, et toi ?

David a ralenti le pas sans répondre, puis il a accéléré et s'est remis à marcher, la tête basse, les mains jointes dans le dos, un peu courbé, à la manière des Juifs orthodoxes de mon village quand quelque chose les excédait. Ils faisaient les cent pas dans leur boutique, dans la cour de la synagogue ou à l'école, en murmurant des mots incompréhensibles que je prenais à la fois pour une prière et pour des jurons.

– Si tu ne veux pas me parler, je m'en vais... Viens, assieds-toi près de moi.

Ma voix sonnait à mes oreilles patiente et ambiguë. Il a relâché ses mains qui sont retombées sans force. Je l'ai tiré vers moi, en le contraignant à s'asseoir sur le petit lit défait. J'ai saisi ses mains violacées et je les ai frottées.

– Dis-moi tout, je suis ici pour toi, je t'écoute...

Il s'est dégagé et, se mordant les lèvres au point de se faire mal, il m'a dit de ne pas fouiller dans son passé, parce que je le condamnerais et que je ne le croirais pas s'il me racontait comment tout s'était passé.

– Regarde-moi, l'ai-je prié.

Il s'est encore plus raidi et il s'est replié sur lui-même en joignant les mains sur ses genoux durs et réunis. Sur le dos de ses mains de lourdes larmes silencieuses ont commencé à tomber.

– Mon Dieu, pourquoi pleures-tu ?

Je retrouvais dans ma voix les inflexions que j'avais quand je posais cette même question à mon père, revenant de la gendarmerie.

– S'il te plaît, non, je ne peux pas le supporter, ai-je dit, un peu tremblante et prête à tout pourvu qu'il cesse.

Je me suis recroquevillée à ses pieds et j'ai essayé de le regarder dans ses yeux noyés de larmes. Ses premiers mots, lents, étranglés, tombaient lourdement en même temps que ses larmes.

Au début, je ne comprenais pas de quoi il parlait, même si je buvais chaque syllabe. Puis, j'ai saisi avec effroi qu'il avait été bel et bien médecin dans le camp de concentration. Lui-même ne savait pas comment il s'était retrouvé avec une blouse blanche sur son uniforme rayé. Il venait d'obtenir son diplôme quand il a été déporté et lorsqu'on a demandé s'il y avait des médecins, il a levé la main, c'est comme ça qu'on l'a placé au milieu de mourants qui le regardaient avec haine et lui demandaient de sauver leur peau.

– Alors le réalisateur avait raison, me suis-je dit en me relevant.

David secouait la tête désespérément comme pour dire qu'il n'avait rien fait de mal.

– J'ai besoin que tu me croies, il n'y a que toi qui peux me comprendre, ne me déteste pas, toi aussi.

Il s'agrippait à mes hanches et enfonçait la tête dans mon ventre sans se soucier de ma douleur.

– David ! l'ai-je supplié sans me rendre compte que je caressais ses os perdus dans ses vêtements trop grands.

Je démêlais ses cheveux entre mes doigts et peu à peu je l'ai contraint à se relever, à me regarder en face. Horrifiée et attirée par son terrible malheur, j'ai éprouvé le besoin de l'embrasser, de sentir ses os se réchauffer, son sexe gonfler. Muet et passif, il s'est laissé ôter sa blouse, sa veste rêche, son pantalon trop grand, ses chaussures usées. Il est resté là tout nu, tout sexe, pendant que je me déshabillais moi aussi maladroitement à cause du plâtre et je l'ai entraîné sous les couvertures. J'ai pris sa main et je l'ai guidée sur mon visage, sur mes yeux, sur mes cheveux, sur ma bouche, sur mon corps. Si j'abandonnais cette main, il la laissait retomber ou errer égarée et hésitante sur mon ventre.

Soudain, comme enivré sensuellement, il s'est mis à s'agiter de mouvements convulsifs avec ses os pointus qui me perçaient le bassin.

Entraînée par son désir de plus en plus désordonné, j'ai fermé les yeux et je l'ai aidé à pénétrer dans mon troisième œil, ainsi que j'appelais enfant mon sexe, offert pour un voyage sans lieu et sans mémoire.

Je pensais justement à David quand j'ai vu surgir le chapeau de l'avocat qui me saluait familièrement de loin et me faisait signe de continuer tranquillement mon travail, pendant qu'il m'attendait.

– Encore ce type ! a marmonné le réalisateur, tout en me demandant si on dormait à cinq ou à six dans les lits superposés.

– Montre à la Française comment elle doit s'allonger sur la paillasse, s'est-il empressé d'ajouter avec un regard qui, pour la première fois, semblait vouloir s'excuser.

– Non ! a riposté l'actrice française, refusant, comme toujours, que j'exécute devant elle ce qu'elle devait faire ensuite.

– Quand la surveillante entre et te frappe, a-t-il expliqué, commence par essayer de protéger ta tête avec tes deux mains, puis, quand tu laisses apparaître ton visage, pleure.

– Mais le public en aura marre de mes pleurs, il se fichera de moi à la fin, il sera agacé.

– Je t'ai déjà dit que je ne changerai rien à la scène, je sais ce que je fais, on est prêts ? On répète ! *Achtung !* a-t-il hurlé.

Tout le monde a fait silence, les yeux fixés sur la porte de la baraque qui s'est ouverte, l'actrice américaine transformée en bête féroce, avec un bâton noir dans la main.

– Non, non et non ! Elle tient ce bâton comme une bite ! Elle le tient délicatement, elle le frotte même sous ses aisselles ! Qui va lui expliquer qu'il ne s'agit pas d'une bite ? Toi, Linda ? La porte doit être ouverte d'un seul coup. Qui s'occupe de la porte ? Que quelqu'un l'ouvre d'un coup de pied ! On est prêts ? On répète, silence ! Porte ! Silence ! Bâton ! Coups ! Stop !! Encore une fois ! La porte s'est ouverte trop tard et elle continue à branler ce bâton. On lui a expliqué comment on s'en servait ? a-t-il demandé en se tournant vers moi.

– *He is a maniac, to hell with him*[1] *!* s'est écriée la star, en fronçant les sourcils. *Son of a bitch*[2] *!* a-t-elle juré, pendant que la maquilleuse lui donnait quelques retouches de poudre blanche sur le nez et sur une joue.

Sa voix avait des accents nouveaux, vulgaires, à mes oreilles, plutôt d'une Américaine que d'une Juive de New York.

J'ai tourné les yeux vers la silhouette de l'avocat qui restait au loin et j'ai voulu le rejoindre aussitôt.

1. C'est un taré ! Qu'il aille au diable !
2. Fils de pute !

J'ai demandé à la cantonade si on avait encore besoin de moi.

– *Go, go*[1] *!* a répliqué le réalisateur en me regardant d'un sale œil.

Je me suis éloignée avant qu'ils recommencent à répéter la même scène mille fois jusqu'à ce que les actrices épuisées et les figurantes démolies parlent, bougent, agissent exactement comme le réalisateur l'exigeait.

L'avocat fouillait du bout de ses chaussures l'herbe humide et chargée de terre caillouteuse.

– Des nouvelles ? ai-je demandé, d'une voix empâtée par le froid qui m'avait saisie sur le set.

Regardant toujours le sol, plus fixement que d'habitude, il m'a proposé de venir dans sa voiture chauffée, pour parler.

– Elle a déjà trois ans, on ne dirait pas, non ?

Et sa voix s'est animée pour ajouter quelque chose que je n'ai pas compris.

– Elle n'est pas allée une seule fois au garage, a-t-il précisé et tapotant le flanc de l'auto comme si c'était un cheval.

– Ah oui, elle est belle, ai-je tardé à répondre, tout en me faufilant à l'intérieur, tapissé d'un revêtement bleu clair et brillant. Alors ?

Sans me répondre, il s'est hâté de m'allumer une cigarette avec l'allume-cigare encastré dans le tableau

1. Va-t'en, va-t'en !

de bord, puis il a regardé par la fenêtre la campagne en jachère, transformée pour le film en camp de concentration nazi.

– J'insiste une fois de plus, prenez le fric, a-t-il répété.

– Je vous ai déjà dit non, si c'est pour ça que vous êtes venu, je m'en vais tout de suite.

– Réfléchissez bien avant de prendre une décision, vous ne pensez pas, vous parlez, vous parlez, c'est pour ça que vous vous êtes mise dans ce pétrin, m'a-t-il reproché avec familiarité. Vous êtes vraiment naïve, vraiment… têtue, vous ne savez pas ce qu'est la politique.

– Possible… je n'en sais rien, ai-je admis. Mais quand quelque chose est injuste, je le sens, je vous assure.

Tout bas, il a garanti qu'il n'avait rien d'autre à m'offrir que de l'argent. Il a poussé un long soupir et, se tournant vers moi, a exprimé ses regrets. Il a encore essayé de me raisonner parce que mon cas n'était pas facile à résoudre, contrairement à mes souhaits. J'étais née dans un pays de l'Est, j'avais vécu à l'Ouest et j'avais le pire des passeports, celui d'Israël.

– Pourquoi ne pas m'avoir mise en garde plus tôt ?

– Pour vous tout est facile, vous vivez ailleurs, dans un pays libre ! s'est-il cabré.

– Il n'y a pas de pays libres, ai-je répliqué avec conviction, quitte à le décevoir.

– Mais pourquoi ne pas accepter le fric, qui est celui de l'État, quelle importance ? Pourquoi le leur laisser ? Profitez-en !

Il jouait toujours de la même note, archiconvaincu de savoir ce qu'il pouvait et ce qu'il ne pouvait pas obtenir.

– Exigez le maximum !

Sa voix avait pris de l'assurance, comme un joueur de poker qui a en main une quinte flush royale.

– Il n'y a ni maximum ni minimum, je n'y connais rien en affaires.

– Vous ?! a-t-il lâché avec un sourire dubitatif.

– Oui, moi, toute juive que je suis, c'est ça que vous voulez dire, non ?

– Soyez gentille, on sait bien que vous n'êtes pas riche.

– En effet.

– Deux millions ?

– Non, pas même trois.

– Trois, vous seriez d'accord ?

– Non.

– Pour nous, c'est beaucoup.

– Pour moi aussi.

– Vous pourrez vous acheter de belles choses... une fourrure, des antiquités, sans passer la douane, ne faites pas l'idiote, Madame.

– Ça ne m'intéresse pas.

– Ça vaut la peine d'acheter des choses chez nous, nous avons un magnifique artisanat, d'excellents fourreurs.

– Je repars dans trois jours.

– À plus forte raison, prenez le fric. Je viens du commissariat.

Il perdait patience.

– Je vous dis d'accepter cet argent.

– Non et non ! me suis-je obstinée.

J'ai ouvert la portière en grand et je suis sortie de l'auto.

– Je tenterai une fois de plus, je réessaierai !

J'entendais sa voix dans mon dos.

En rentrant dans ma chambre d'hôtel, j'ai été saisie d'un sentiment plus aigu d'étrangeté. Ce n'est que lorsque mes yeux sont tombés sur les vêtements et les objets qui m'appartenaient, que je suis parvenue à me ressaisir et à comprendre où je me trouvais, pourquoi j'avais fini dans un tel lieu. Au lieu de me déshabiller immédiatement comme toujours avant de prendre un bon bain, je me suis dirigée vers l'armoire que j'ai ouverte. Grâce à mes robes, j'ai reconstitué mes itinéraires de toutes ces dernières années. J'ai tout arraché des cintres et je l'ai mis en vrac dans ma valise.

Je suis restée là à regarder et à réfléchir au moyen de déguerpir sur-le-champ, puis je me suis effondrée sur le lit, à plat ventre, le visage écrasé sur le duvet. En frottant mes talons l'un contre l'autre, je suis parvenue à ôter mes bottes comme faisait mon père qui n'avait pas, contrairement aux autres paysans, le petit tabouret permettant de se déchausser.

– Mon père, me suis-je dit, en me demandant où et comment il aurait vécu s'il avait survécu.

Et ma mère ? Où aurions-nous vécu et comment ? Toujours aussi pauvres ?

Soudain, l'idée de l'argent m'a fait un clin d'œil. J'énumérais les choses que j'aurais pu m'acheter, y compris la bague que j'avais aperçue en vitrine, juste sur la place où se trouvait cette maudite boutique. Elle ressemblait à la seule qu'ait possédée ma mère qui l'avait héritée de sa mère. Elle y tenait tellement que quand les gendarmes ont hurlé pour l'or, elle allait l'avaler. La tentation de l'argent allait et venait dans ma tête, en se heurtant aux visages du chef de la police, de l'avocat, du commerçant et du flic qui m'avait bernée, et enfin au journal dégueulasse et à l'article immonde.

Combien de temps suis-je restée ainsi dans le noir, à imaginer un bain brûlant où je serais plongée, la tête sous l'eau, écoutant les battements de mon cœur, les bruits ouatés, le monde extérieur lointain ? Souvent je me pensais sous l'eau au point d'étouffer et d'éclater, remontant à la surface à bout de souffle et chancelante, en quête d'oxygène.

Je me suis traînée vers la table de nuit, j'ai allumé la lampe et avec ma main libre je me suis protégé les yeux blessés par la lumière. Les restes du repas éparpillés réveillaient ma faim, mais avant de me jeter dessus, j'ai opté pour un bain, moins long que je ne l'avais imaginé. J'ai enfilé une chemise de nuit blanche en flanelle et après avoir rassemblé toute la nourriture que j'avais dans la chambre, je me suis glissée sous le duvet.

J'ai allongé une main vers un morceau de pain enveloppé dans une serviette de bain, et le rêve de la veille a resurgi : une mer bleue, infinie, avec des miches qui flottaient à la surface ondulée, celles que ma mère mettait au four, grosses et rondes comme la lune. Poussées par les vents qui s'engouffraient vers elles ou par les vagues, les miches bougeaient en se heurtant l'une contre l'autre, de plus en plus violemment, de plus en plus confusément, jusqu'à exploser, se déchirer, s'émietter dans l'eau. Dans l'une d'elles, j'ai reconnu le visage de ma mère qui déjà perdait peu à peu ses traits et se disloquait comme les autres... Le souvenir du rêve m'a serré la gorge dans son étau. J'ai délaissé le pain et j'ai mangé un peu de yaourt avec du miel et des somnifères.

Me sachant attendue par le chef de la police, je me suis habillée sans me presser, et même plutôt avec une lenteur qui m'enivrait, justement parce que j'étais consciente qu'il patientait depuis un bon bout de temps.

Je me suis promis de rester calme. J'ai reconnu, en moi-même, que j'étais aisément irritable, qu'il suffisait parfois d'un regard, d'une parole pour que je perde la tête. Armée des meilleures intentions du monde, je suis sortie dans le couloir, à cette heure habituellement désert, après la vague des chasseurs qui revenaient en pleine nuit et la troupe qui se levait aux aurores pour se rendre sur le tournage.

– Madame, madame, *gnädige Frau*[1] !

Une voix un peu perçante m'appelait. J'ai tressailli en entendant cette langue que je ne supportais pas.

– *Gnädige Frau, ein Moment bitte*[2].

1. Manière très courtoise de s'adresser à une femme en allemand.
2. Madame, un moment s'il vous plaît.

J'ai baissé les yeux sur le tapis rouge au centre du couloir, puis je les ai relevés pour découvrir que l'appel venait d'une femme élégamment habillée, avec un appareil photo dans les mains. J'ai hâté le pas et au lieu de prendre l'ascenseur, j'ai choisi l'escalier que j'ai dévalé.

Le chef de la police, assis à sa table habituelle et accompagné de son interprète, ne s'est pas levé pour venir à ma rencontre, mais s'est contenté d'un petit salut alors que j'allais m'asseoir.

– Eh bien ? ai-je demandé aussitôt comme malgré moi. Vous avez prétendu que vous ne connaissiez pas l'avocat, alors que lui…

Le flic et le factotum ont alors échangé quelques répliques.

– Quel avocat ? Il dit qu'il me connaît ?

– Non, il m'a dit que je ne pourrais rien obtenir, sinon de l'argent, n'est-ce pas ?

– Quel argent ? Nous ne savons rien. Votre avocat est libre d'agir comme il l'entend, nous n'avons rien à voir avec cela. Si vous n'êtes pas satisfaite de votre avocat, vous pouvez en prendre un autre, même d'ailleurs, de l'étranger, nous n'avons rien contre. Il suffit que vous choisissiez une des trois juridictions, compris ?

L'interprète s'empressait de traduire besogneusement chacune de ces phrases que le policier articulait l'une après l'autre.

M'efforçant de rester calme, j'ai prié le garçon de demander une fois de plus au « Chef de la Police », comme il prenait soin de souligner, s'il avait parlé avec le commerçant et s'il avait retrouvé l'autre flic, mais oui... le type sur sa grosse moto sur laquelle il était assis en face de la boutique où j'avais été agressée.

Le chef de la police, qu'il ait deviné ma question ou qu'il ait effectivement saisi quelque chose de ma langue maternelle, secouait la tête négativement, en me regardant dans les yeux, sans le moindre trouble.

Une peur inexplicable s'est emparée de moi et une envie terrible de le gifler. L'incapacité de passer à l'acte, du fait de mes propres limites et du refus d'enfreindre la loi, m'a vidée de toute mon énergie et de l'espoir qui m'était resté.

– Assez, je ne veux plus parler ! ai-je déclaré en me levant.

– Vous n'avez vraiment aucune confiance en nous, n'est-ce pas ? Toujours impatiente ? Il faut que vous me laissiez le temps de confronter vos dires avec ceux du patron de la boutique et avec les témoignages. Vous vous êtes, vous-même, contredite tant de fois, vous ne m'avez pas toujours raconté la même chose. Il faudra probablement aussi interroger le médecin qui était de garde, ce soir-là, aux urgences.

– Pas lui. Tout ce qu'il a écrit et sa plainte, c'est moi qui les lui ai dictés. Il n'y est pour rien, laissez-le tranquille. Je le répète, je n'exige qu'un droit de réponse.

– Calmez-vous, quand nous saurons la vérité, nous la publierons.

– Alors pourquoi avoir publié cet article infâme ?

– Nous ne publions rien, nous, cela regarde seulement les journalistes.

– Ce n'est pas vrai.

– Ne perdez pas la tête, vous êtes en train de nous accuser. Rasseyez-vous. Ayez confiance en nous, je vous assure que dans très peu de temps tout sera résolu.

Valait-il mieux rester, en répétant qu'au fond je ne voulais rien, sinon démentir ces critiques virulentes que j'aurais proférées contre leur pays et leur système social ? J'allais reprendre ma place et déjà le flic se levait, prêt à s'en aller. Quand il m'a tendu la main, je la lui ai serrée sans le regarder.

Avant qu'il n'ait entièrement disparu derrière la porte-tambour, j'ai jeté un coup d'œil à son dos engoncé dans un blouson de similicuir pareil à celui que portait le motard et j'ai eu la ferme conviction de ne plus jamais le revoir.

J'ai été secouée par une voix qui tempêtait contre ce temps de chien. Je me suis tournée vers la fenêtre et j'ai constaté qu'il neigeait. Ils ne tourneraient pas aujourd'hui.

– Qu'y a-t-il ? m'a demandé le réalisateur. La tristesse juive t'a gagnée ? Ton médecin est d'accord ou non ? Tu viens ? On va à la projection.

– Ils veulent me donner du fric, me suis-je plainte.

– Tu vas le prendre, non ?

Il a éclaté de rire en tendant la main vers moi. Comme s'il était atteint d'une maladie contagieuse, j'ai bondi en arrière.

– Tu es vraiment cinglée. On y va ?

– Je voudrais partir. Dès aujourd'hui.

– Aujourd'hui ?

– Mon obligation contractuelle s'arrête dans deux jours. Je peux m'en aller un peu avant ?

– Pour ce que j'en ai à faire, a-t-il répondu en haussant les épaules qu'enveloppait une veste doublée de laine d'agneau. Demande au producteur. Mais viens à la projection. J'aimerais savoir quel effet te feront les rushes des dix premiers jours. On les a enfin.

Enfoncée dans mon fauteuil, près du producteur, je redoutais de solliciter son autorisation. Je m'étais assise exprès à ses côtés au début de la projection. En regardant les rushes, je croyais qu'il y avait une erreur, parce que je voyais d'affilée sept, huit, quinze fois la même scène. Quand le cinéaste a annoncé qu'il préférait la troisième parce qu'elle était plus intense, ou que le chef op insistait pour la cinquième parce que l'actrice était plus belle, ou que le producteur voulait la deuxième parce qu'elle ferait un effet bœuf sur les spectateurs, ce n'est qu'à ce moment-là que j'ai compris les infimes différences qui les distinguaient.

Le reste de l'assistance ne parlait presque jamais. La protagoniste américaine et l'actrice française qui tenait le second rôle donnaient de temps en temps leurs opinions qui tombaient dans le vide. Le réalisateur, légèrement penché en avant, fixait l'écran un peu comme un myope et il avait tout l'air d'un supporter de foot qui aurait parié toute sa fortune sur le score d'un match. Il était enthousiaste et prostré en alternance et de temps à autre m'épiait pour savoir comment je réagissais à la scène de la faim, à la scène de la pendaison, à la marche de la mort.

Je ne sais pas ce qu'il lisait sur mon visage, mais je sais que moi, je me sentais sévère, dure. Et pas concentrée. L'envie folle de m'en aller m'agitait sur mon siège. Peut-être y avait-il encore la possibilité de prendre un avion le jour même, n'importe lequel, où qu'il aille, pourvu qu'il m'éloigne d'ici. Il était à peine dix heures du matin. Une fois la projection terminée, il suffisait que je déclare que je trouvais les scènes vraisemblables, même si l'actrice américaine était trop maquillée, que je dise au revoir à tout le monde et, qui sait, peut-être que le soir même je pourrais dormir dans mon lit pour me réveiller le lendemain sous le soleil.

J'ai rassemblé mes forces qui souvent m'abandonnent face aux patrons et j'ai demandé tout doucement si je pouvais partir avec deux jours d'avance sur le contrat, mais ma voix a été recouverte par celle d'une belle fille qui s'était agrippée au manteau en cachemire du producteur.

– Où est-ce que je suis, moi ? Je n'y suis pas et pourtant je l'ai tournée, cette scène, on ne me voit pas du tout ! Où est-ce que je suis ? demandait-elle, en se cherchant sur l'écran où elle était difficilement identifiable parmi les prisonnières qui accouraient pour la soupe.

La fille, s'écartant du producteur, continuait à se plaindre qu'on ne la voyait pas et que sa scène était totalement invisible. Je craignais qu'il ne soit troublé par ces jérémiades, et je n'osais pas répéter ma requête, mais à ma grande surprise, je me suis rendu compte que le producteur riait et l'attirait à lui en lui disant que les scènes en question allaient arriver dans le prochain envoi.

– Le réalisateur est déjà d'accord, je pars aujourd'hui, me suis-je entendue dire d'une voix sombre.

– S'il est d'accord… ton contrat s'arrête quand ?

– Dans deux jours.

– Et pourquoi tu nous quittes ? Tu en as de la chance de t'en aller, a-t-il ajouté, l'air de m'avoir déjà oubliée.

Le réalisateur aussi m'a ignorée quand je l'ai averti que je m'en allais. Il n'a même pas plaisanté.

Pendant une pause, j'ai essayé inutilement de lui parler pour savoir combien ça durerait encore, parce qu'il était déjà onze heures et demie. Les actrices ne pouvaient pas le savoir et je n'osais plus rien demander au producteur auquel la fille s'était entortillée.

Quand j'ai appelé David pour lui dire que probablement je partirais dans la journée, il était deux heures de l'après-midi et le bourg était enseveli sous une fine couche de neige.

J'étais si heureuse à l'idée de m'en aller que j'aurais pu voler ou carrément aller à pied jusqu'à l'aéroport.

– Tu m'abandonnes, a-t-il enfin articulé au bout du fil. Tu es venue et tu t'en vas.

– Nous le savions... Je peux venir tout de suite ? Tu m'enlèves le plâtre ?

Il a accepté et pour la dernière fois j'ai traversé le parc au pas de course, sans regarder ni à droite ni à gauche les arbres revêtus de blanc. Dès que je suis apparue dans son bureau, je l'ai embrassé sur la joue et je lui ai tendu ma main plâtrée. Je me tenais sur le seuil, en allongeant le bras, et je regardais la pièce avec son lit de camp toujours défait, et tous les signes visibles d'une vie solitaire menée par un homme qui avait femme et enfants, mais préférait vivre de son côté, sur son lieu de travail.

Il faisait les cent pas comme un fauve en cage, et s'est enfin immobilisé près d'une petite armoire à deux battants, accrochée au mur, qu'il a ouverte pour en sortir un marteau de cordonnier et un gros sécateur.

– Alors, comme ça, tu t'en vas, répétait-il ahuri, avec ces instruments en main.

– Je me suis retrouvée là par hasard, ai-je répondu avec mon plus beau sourire.

Et je l'ai prié de me délivrer du plâtre.

Avec le sécateur, il avait du mal à tailler dans la gaze durcie, rembourrée de coton grisâtre.

– Tu me rendrais un service ? m'a-t-il demandé au premier coup de marteau.

– Bien sûr, dis-moi...

– Je voudrais te demander quelque chose...

– Quoi ? Moi aussi j'ai un service à te demander, il faudrait peut-être que tu m'accompagnes à l'aéroport.

– Je peux te le demander ?

– Naturellement, ai-je répliqué sur un ton plus sec, parce que, au fond de moi, je craignais qu'il ne veuille qu'on refasse l'amour.

– J'ai noté tout ça...

Il parlait avec embarras.

– Eh bien, montre-moi, ai-je répondu, attendrie.

– C'est pour un accessoire, tout est précisé là, a-t-il dit, en prenant dans la poche de sa veste un papier plié en quatre. Tu pourras me l'envoyer ? Tu le trouveras chez tous les concessionnaires Fiat.

Pendant un instant, je l'ai dévisagé avec stupeur, mais je me suis aussitôt ressaisie.

– Ça va de soi. Tu l'auras au plus vite, très vite.

Je le rassurais tout en me frottant le bras enfin libre avec un coton imbibé d'alcool. J'ai pris le papier plié en quatre dans sa main et j'ai déposé un baiser sur ses lèvres gercées qui ont ébauché un sourire enfantin.

– Tiens, lui ai-je dit, en défaisant autour de mon cou la chaînette d'or avec l'étoile de David.

– Non, non, a-t-il protesté. De toute façon, ici, personne ne la porte.

Sans répondre, je suis brutalement sortie.

– Je peux t'accompagner, si tu veux...

J'entendais sa voix hésitante et déjà lointaine. Dans mon poing, je serrais rageusement la chaînette avec l'étoile de David.

– Mon passeport, ai-je réclamé essoufflée dans le dos de la réceptionniste qui était en train de farfouiller sur le tableau des clés.

– Je ne sais pas où le directeur l'a mis, m'a-t-elle répondu sans se retourner.

– Quel directeur ? ai-je demandé, le cœur suspendu.

– Celui de l'hôtel, il n'est pas là en ce moment, peut-être viendra-t-il dans l'après-midi...

J'ai hurlé que je voulais mon passeport sur-le-champ parce que j'allais partir et que je devais réserver mon billet par téléphone.

– Madame ! a-t-elle rétorqué en me regardant durement. Calmez-vous, je ne sais rien, vous devez attendre le directeur.

– Non, je n'attendrai personne, s'il vous plaît, téléphonez pour savoir où il est.

Je prenais un ton suppliant pour l'amadouer.

– Vous me laisserez... vous me vendrez votre transistor japonais ?

C'était une requête qu'elle répétait depuis un moment et qui maintenant devenait pressante.

– Oui, oui, ai-je répondu sans réfléchir.

Je lui ai énuméré les coups de fil qu'elle devait passer : pour le passeport, puis la réservation, puis le chef de la police régionale et l'avocat, parce que je voulais leur dire au revoir.

– Et comment s'appellent-ils ? m'a-t-elle demandé.

Je me suis alors rendu compte que je ne connaissais ni nom ni prénom d'aucun d'eux.

Elle a proposé d'appeler le siège central de la police et la production locale du film pour l'avocat.

La réceptionniste blonde a composé le premier numéro à plusieurs reprises avant d'obtenir la communication. Elle parlait et en même temps me faisait signe qu'il y avait de la place pour ce vol, que je ne devais pas m'inquiéter. Est-ce que ça m'allait d'avoir une correspondance ?

– Oui, oui, n'importe quel vol, mais le passeport, le passeport !

J'étais agitée. Je regardais ses doigts de la main droite, qui composaient des numéros, pendant que l'autre fouillait dans les poches de son tablier-uniforme en cherchant quelque chose. Elle en a sorti une clé minuscule attachée à un fil, et avec laquelle elle a ouvert un tiroir. Maintenant je suivais son expression qui semblait égarée et déçue, à mesure qu'elle raccrochait et décrochait le combiné. Elle m'a expliqué qu'à la production on ne connaissait aucun avocat à manteau en poil de chameau. Quant au chef de la police régionale, naturellement au commissariat ils le connaissaient, mais malheureusement il avait été appelé d'urgence à la capitale et il ne serait pas de retour avant trois ou quatre jours. Je pourrais sans faute lui parler alors, c'était du moins ce dont ils l'avaient assurée.

– Votre passeport est peut-être ici.

Elle fouillait dans le tiroir au milieu de papiers.

– Vous savez, je n'ai pas le droit d'ouvrir, mais dans les cas d'urgence, de vraie nécessité…

– Merci, merci.

Et j'ai souri en apercevant le livret bleu avec l'inscription officielle dorée en lettres hébraïques.

Elle m'a suivie dans ma chambre qu'elle a quittée en tenant le transistor dans ses bras, alors que je m'agitais pour rassembler mes affaires éparpillées dans la salle de bains et dans la chambre.

Chargée de deux sacs et d'une grosse valise, je me suis rendu compte que je ne passerais jamais inaperçue en sortant. Or je n'avais aucune envie de saluer qui que ce soit, ni d'être saluée par qui que ce soit. Je désirais simplement disparaître sans être vue. Je me suis approchée de la fenêtre, que j'ai ouverte. J'ai soulevé la valise, je l'ai appuyée sur le parapet. J'ai prié pour qu'elle ne s'ouvre pas en s'écrasant au sol, et je l'ai laissée glisser le long du mur. Je l'ai vue s'ouvrir presque aussitôt, avec mon linge qui voletait en tous sens et s'accrochait aux branches basses des arbres du parc.

Terrorisée à l'idée d'être surprise par des regards, j'étais bien déterminée, de mauvaise grâce certes, à perdre une partie du peu que j'avais.

J'ai gagné la porte, j'ai épié dans le couloir, peu fréquenté à cette heure de sieste. Je n'entendais aucun pas dans l'escalier, l'ascenseur était à l'étage. Pour pouvoir mieux contrôler les allées et venues dans le hall, j'ai décidé de descendre furtivement à pied. J'ai entendu une présence dans mon dos, mais ce n'était que le factotum à qui j'ai demandé s'il y avait une sortie dérobée qui donnait sur le parc.

– Oui, par là.

Il m'a montré un portillon métallique noir à l'arrière de la cuisine.

– *Ciao !*

Après l'avoir salué, j'ai rejoint rapidement la sortie.

Mes affaires gisaient éparses dans l'herbe enneigée. Je les ai ramassées et, ayant renoncé à me faire accompagner par David, je me suis mise en quête d'un taxi. Quand je me suis retournée, j'ai vu l'hôtel dont j'étais partie comme à la cloche de bois, et j'ai aperçu pendue à une branche plus haute une de mes chemisettes de couleur qui claquait au vent…

Dans chaque uniforme, dans chaque douanier, dans chaque soldat, dans chaque monsieur bien habillé, à l'intérieur de l'immense salle d'attente de l'aéroport, je voyais un ennemi potentiel, celui qui pouvait empêcher mon départ. Je trouvais suspects même les regards insistants des enfants, je craignais tout le monde, blancs ou le teint basané, jeunes ou vieux, au départ ou à l'arrivée. Lourdement chargée, à bout de souffle, je me laissais bousculer en tous sens par des voyageurs pressés qui se déplaçaient en groupes.

Par-dessus le brouhaha, un haut-parleur a coassé l'annonce du vol 813. C'était le mien, ainsi que je l'ai vérifié sur ma carte d'embarquement bordée de rouge. Poussée par la foule, je me suis retrouvée devant le guichet du contrôle de police. Le flic a tourné plusieurs fois mon passeport sans savoir dans quel sens le lire. Un collègue l'a aidé et ainsi j'ai pu passer sans plus lever les yeux jusqu'à ce que je sois dans l'avion.

Les deux hélices se sont mises à tournoyer de plus en plus vite. Maintenant je me sentais libre de regarder autour de moi. Je me suis rendu compte que j'étais entourée de regards de velours brun et de bouches souriantes prêtes à parler.

– Budapest ou Rome ? demandaient trois ou quatre jeunes à la peau mate, probablement des étudiants.

Ils échangeaient des phrases en arabe, et ils m'ont demandé mon prénom dans un anglais rudimentaire.

– Linda, ai-je répondu.

Je me suis soulevée pour ôter mon manteau, car je transpirais déjà à l'idée du vol.

– Linda, ai-je articulé une deuxième fois.

Je m'étais retournée pour les remercier de m'avoir aidée à placer mon manteau et mon écharpe dans le compartiment à bagages, mais plus personne ne me regardait, je n'avais plus face à moi que des dos sourds et des bouches muettes. Je ne savais pas comment interpréter la cause soudaine d'un tel mutisme, après tant d'attentions qui le précédaient, quand j'ai vu briller sur mon chandail sombre l'étoile de David. Même mon voisin immédiat, jusqu'ici si ouvert et bien disposé, était assis avec le plus grand sérieux, en veillant à ne pas m'effleurer le moins du monde. Il participait à une discussion dans sa langue qui ressemblait un peu à de l'hébreu et où je pouvais comprendre qu'il s'agissait de politique, de guerre froide, d'Israël et de moi qui arborais mon étoile de David sur ma poitrine.

Quand les roues ont touché terre à Budapest, j'ai éprouvé un certain soulagement. Les jeunes se sont levés ensemble et m'ont bousculée bruyamment en laissant tomber sur ma tête le manteau, avant de s'excuser non sans arrogance. J'ai fait une dernière tentative et j'ai tendu la main à l'un d'entre eux dont le regard semblait dépourvu d'animosité, mais il hésita à la prendre dans la sienne. Ses camarades le fixaient, lui disaient quelque chose, avec insistance. Il a détourné les yeux des miens et il m'a laissée la main tendue en l'air, humiliée.

Le brouillard commençait à se dissiper, et j'ai vu à travers le hublot un rayon lumineux qui filtrait. J'émergeais de mes sombres pensées, en suçant un bonbon qu'on m'a offert sur un plateau, en même temps qu'un morceau de chocolat que j'ai conservé dans un de mes sacs, bourrés de toutes sortes de choses, y compris de nourriture. Je vérifiais à tout moment l'heure à ma montre, pour la troisième fois en dix minutes et, comme les vieux qui arrivent toujours en avance sur le quai de la gare, j'ai commencé à ramasser mes affaires et à les garder dans mes mains jusqu'à l'arrivée.

Quand j'ai aperçu sous moi la mer huileuse et ondulée, que je connaissais bien, les masures entourées de linge à sécher, qui claquait devant les fenêtres, les ordures qui étaient soulevées par les hélices et voletaient dans la pénombre de l'air d'automne, je sentais le bonheur émaner par tous mes pores.

Je suis descendue de l'avion d'un pas léger, en souriant aux policiers et aux douaniers qui, après avoir tracé avec de la craie jaune une bande sur ma valise, m'ont dit de passer.

– Madame Weinberg, Madame !

J'entendais qu'on m'appelait. J'ai cru que j'avais mal entendu et j'ai continué sans me retourner, mais un homme et une femme, tous les deux en jeans et en blouson de cuir avec des sacs en bandoulière, m'ont dépassée et m'ont fait face.

– Donnez-moi votre valise, Madame, m'a proposé l'homme, en me barrant presque le chemin.

La femme me souriait avec une complicité agaçante que je ne comprenais pas.

– Que voulez-vous ? ai-je demandé, désorientée, sans leur laisser ma valise.

– Nous sommes des journalistes, vous n'avez plus rien à craindre, vous vous trouvez dans un pays libre, m'a rappelé la femme, pour m'encourager.

Le mot « liberté » dans leur bouche avait une sonorité fausse : instinctivement, je me suis raidie, sur la défensive.

– Nous avons appris votre incident, a poursuivi l'homme. Nous savons que vous avez été menacée, victime de chantage, persécutée. Ils ont voulu interrompre le tournage, n'est-ce pas ?

Soudain, l'un des deux m'a tendu un micro, pendant que la voix de la femme, qui cherchait une confirmation, affirmait que j'aurais pu me retrouver dans un asile psychiatrique ou disparaître peut-être à jamais.

– Ne vous inquiétez pas, a repris l'homme. Maintenant vous pouvez parler, vous pouvez dire tout ce que vous voulez. Soyez tranquille, Madame, dites-nous la vérité... alors que vous a-t-on fait ?

D'un geste brusque, j'ai retenu la valise que l'homme essayait de m'arracher avec une déplaisante insistance. J'ai repoussé la femme de côté et en hâtant le pas je me suis dirigée vivement vers la sortie.

De la même auteure

AUX ÉDITIONS KIMÉ

Signora Auschwitz : le don de la parole
traduit de l'italien par Patricia Amardeil, 2015

Qui t'aime ainsi
traduit de l'italien par Patricia Amardeil, 2017
et Points, n° P5508

Lettre à ma mère
traduit de l'italien par Patricia Amardeil, 2018

AUX ÉDITIONS RIVAGES

Pourquoi aurais-je survécu ?
traduit de l'italien par René de Ceccatty,
« Petite Bibliothèque », poèmes, 2022

La Voix de la vie
traduit de l'italien par René de Ceccatty,
« Bibliothèque », poèmes, 2022

Les Dissonances
traduit de l'italien par René de Ceccatty,
« Petite Bibliothèque », poèmes, 2025

AUX ÉDITIONS DU SOUS-SOL

Le Pain perdu
traduit de l'italien par René de Ceccatty, 2022
et Points, n° P5680

C'est moi, François
traduit de l'italien par René de Ceccatty, 2022
et Points Sagesses, n° 344

Je te laisse dormir
traduit de l'italien par René de Ceccatty, 2023
et Points Récits, n° 6303

RÉALISATION : NORD COMPO À VILLENEUVE-D'ASCQ
IMPRESSION : IMPRIMERIE NORMANDIE ROTO IMPRESSION S.A.S.
DÉPÔT LÉGAL : JANVIER 2025. N° 159139 (2405473)
IMPRIMÉ EN FRANCE

CONTRECHAMP